JOHN HENRY NEWMAN
DEM LEBEN EINEN SINN GEBEN

REIHE
KLASSIKER DER MEDITATION

JOHN HENRY NEWMAN

Dem Leben
einen Sinn geben

Gesammelt und übersetzt
von
Otto Karrer †
Mit einer Einführung
von
Günter Biemer

BENZIGER

2. (veränderte) Auflage 1990
Alle Rechte vorbehalten
© Copyright 1976 by Benziger Verlag AG Zürich

Umschlaggestaltung: H + C Waldvogel
unter Verwendung einer Zeichnung von Georg R. Richmond
aus dem Jahre 1844
(Original im Newman-Oratorium in Birmingham/GB)
Foto: Günter Biemer

ISBN 3 545 20502 9

INHALTSVERZEICHNIS

EINFÜHRUNG

JOHN HENRY NEWMAN ALS FÜHRER
ZUM GEISTLICHEN LEBEN

Es gibt Heilige, deren Glaube wie ein Weg ist. Paulus gehört zu ihnen, denn sein Glaube beginnt mit dem Judentum und führt ihn zur grundlegenden Mitgestaltung der (juden-) christlichen Kirche. Augustinus gehört zu ihnen, denn er kam aus dem Heidentum der Römer, wurde von Ambrosius getauft und beeinflußt mit seinen Gedanken die Christenheit bis heute. Edith Stein gehört zu ihnen: Sie kam aus einem jüdischen Elternhaus, beschritt den Weg der Philosophie und fand bei Teresa von Avila zum christlichen Glauben. John Henry Newman wuchs in der Anglikanischen Kirche auf und konvertierte aufgrund seiner eigenen Studien und Erkenntnisse zur Katholischen Kirche. Schon zu Lebzeiten lud er andere ein, seinen Weg mitzugehen und war für Gottsuchende, Glaubensuchende, kritische Köpfe und tiefgläubige Männer und Frauen ein hervorragender Berater.

In dieser einführenden Darstellung des Lebens von John Henry Newman soll der Leser mit seiner geistlichen Persönlichkeit vertraut gemacht werden[1]. Die Texte des Buches sind zwar von sich aus aussagekräftig genug. Aber wenn man sie von der Glaubensgeschichte des Verfassers und seinen Absichten her versteht, leuchten sie um so heller.

1. «Heiligkeit ist das Ziel . . .»

John Henry Newman wurde am 21. Februar 1801 in London als Sohn eines Bankiers geboren. Mit fünf Geschwistern verlebte er eine sorglose Kindheit und Jugend. Er wurde nach den Grundsätzen der Anglikanischen Kirche erzogen und erhielt eine sorgfältige Bildung, die es ihm ermöglichte, sich 1816, mit 15 Jahren, in einem Oxforder College zum Studium zu immatrikulieren. In jenem Sommer und Herbst 1816 erlebte er einen fundamentalen Umkehrprozeß, der seine religiöse Einstellung völlig veränderte. Noch nach über vierzig Jahren schrieb er in seinem Tagebuch: «Ich weiß sehr gut und bekenne es dankerfüllt vor Dir, mein Herr . . .: Damals hast Du mein Herz gewandelt und zum Teil meine ganze geistige Verfassung.»[2] Was war geschehen? Als Newman mit dreiundsechzig Jahren die Aufrichtigkeit und Konsequenz seiner religiösen Entwicklungsgeschichte in aller Öffentlichkeit verteidigen mußte – in seiner Apologia pro vita sua (1864) – beschrieb er den Vorgang seiner «inneren Umkehr»: «Ich kam unter den Einfluß eines bestimmten Glaubensbekenntnisses und mein Geist nahm dogmatische Eindrücke in sich auf, die durch Gottes Güte nie ausgelöscht und getrübt wurden . . .» Innere und äußere Einflüsse hatten dazu geführt, daß Newman, der schon in seiner Kindheit ein «Mißtrauen gegen das Wirklichsein der materiellen Erscheinungen» hatte, nun eine Erfahrung machte, die ihn «in dem Gedanken Ruhe finden ließ, daß es zwei und nur zwei Wesen gäbe, die absolut und von einleuchtender Selbstverständlichkeit sind: ‹Ich selbst und mein Schöpfer›[3]. In der Folgezeit begleitete ihn als Student in Oxford diese Begegnung mit Gott als dem ‹Ich bin (der Ich bin da für Euch)›, wie er in seinem Tagebuch festhält[4]. Jahrelang lebte er nach den Prinzipien eines geistlichen Schriftstellers in jener Zeit ‹Heiligkeit geht vor dem Frieden› und ‹Wachstum ist der einzige Beweis für Leben›»[5].

Mit dem Eifer, «der Hoffnungsfreude und dem sanguinischen Temperament» eines jungen Menschen macht Newman im Jahrzehnt zwischen seinem Bekehrungserlebnis (1816) und seiner anglikanischen Priesterweihe (1825) zum Maßstab seines religiösen Strebens das Tun: Er hält täglich Schriftlesung und lernt die Bibel kapitelweise auswendig; er versucht in den Ereignissen seines studentischen Lebens Gottes Wille zu erkennen und danach zu handeln; er betet und überprüft seine ethische Vervollkommnung. Denn er hat erkannt «Selbsterkenntnis kommt nicht von selbst; sie bedeutet Anstrengung und Arbeit. Ebenso gut könnten wir annehmen, daß die Kenntnis der Sprachen von selbst kommt, wie daß die Vertrautheit mit unserem eigenen Herzen natürlich sei. Die meisten Menschen empfinden schon die Mühe einer ständigen Besinnung als etwas schmerzhaftes; ganz zu schweigen von der Schwierigkeit echter Besinnung»[6]. Schon früh hatte er darauf aufmerksam gemacht, daß die Gegnerschaft der meisten gegen das Christentum nicht auf ausgereiften Argumenten be-

9

ruht und «daß der Unglaube nicht allein vom Irrtum des Denkens kommt, sondern entweder vom Stolz oder von der Sinnenverfallenheit»[7]. So stellte er als eine der Maximen aus jenen Jahren den Zusammenhang fest zwischen persönlichem Erkennen und göttlicher Erleuchtung: «Je mehr wir unsere Pflicht tun, desto besser werden wir unsere Pflicht erkennen.»[8]

Das Ziel Newmans ist Gott, der lebendige Gott, die einzige wahre und bleibende Wirklichkeit. «Gebt Euch mit nichts geringerem als der Vollkommenheit zufrieden», predigt er als Fünfundzwanzigjähriger: «Bemüht Euch Tag für Tag in Erkenntnis und Gnade zu wachsen, damit Ihr, so Gott will, zuletzt zu der Gegenwart Gottes des Allmächtigen gelangen mögt.»[9] Über seine Grundeinstellung zur Predigtpraxis schreibt er seinerzeit kritisch: «Jene, die den Trost zum Hauptgegenstand ihrer Predigt machen, scheinen den Zweck ihres Amtes verfehlt zu haben. Heiligkeit ist das große Ziel. Hier muß ein Kampf und eine Erprobung stattfinden. Trost ist ein Herzstärkemittel, aber kein Mensch trinkt von morgens bis abends Herzstärkemittel.»[10]

Newman wußte: Nichts ist so leicht wie auf dem Papier religiös zu sein, über Religion zu reden und zu diskutieren, sich mit seinen Kenntnissen den Anschein der Zuständigkeit in Dingen der religiösen Erfahrung zu geben. Weil er selbst den Kampf um ein wirkliches Gottesverhältnis ausgefochten hat, ja sogar seine akademische Karriere als Tutor des Oriel College seiner religiösen Überzeugung opferte, vermag er lapidar die

Grenze zu dem abzustecken, worum es beim religiösen Leben geht. «Wissen ist nichts im Vergleich zum Tun»[11], aber es reicht auch nicht aus, kurzatmige Impulse und Aktionen zu starten: «Die Gabe der Heiligkeit zu erlangen ist das Werk eines (ganzen) Lebens.»[12]

Newman war 1822 Fellow am Oriel College in Oxford geworden und hatte damit eine der begehrten Positionen seiner Zeit erlangt. 1826 wurde er für wenige Jahre Tutor, eine Stelle, die er rasch wieder verlor; 1828 übertrug man ihm die zentrale Pfarrei der Stadt Oxford, St. Mary the Virgin's.

1832 vollendete er seine erste Monographie über Glaubensstreitigkeiten zur Zeit der frühen Konzilien in der Kirche der Väter, des Athanasius und Johannes Chrysostomus. Diese Zeit der ersten Jahrhunderte mit Ignatius von Antiochien († nach 107), Polykarp von Smyrna, aber auch Ambrosius und Augustinus († 430) u.a. spiegelte für Newman in einzigartiger Weise, was die Kirche Jesu Christi wirklich sein konnte und sollte. Der Unterschied zu seiner eigenen verbürgerlichten Kirche im England seiner Zeit wurde ihm schmerzlich deutlich.

2. «Ich habe ein Werk zu tun»

Zu Beginn der dreißiger Jahre wurde im englischen Parlament ein Reformgesetz verabschiedet, das dem Staat mehr Rechte gegenüber der anglikanischen Kirche einräumte. Newman sah eine Entwicklung kommen, durch die «unseren Feinden erlaubt wird, über unsere Belange Gesetze zu erlassen und über die höchsten Ämter in der Kirche zu verfügen»[13]. Die Kirche und das ihr anvertraute Gut der Offenbarung Gottes wurde widerspruchslos einem Parlament ausgeliefert, dem Leute aller möglichen Weltanschauungen angehörten. Newman fühlte sich zum Widerstand aufgerufen, zum Glaubensbezeugnis in einer Gesellschaft, in der man es mit der «gesunden Lehre» Jesu Christi (2 Tim 1,13) nicht so ernst nahm. Er forderte in seinen Predigten seine Zuhörer dazu auf, die Kirche am Engagement der Apostel zu messen und selbst keine Angst zu haben, als Minderheit für die Wahrheit des Evangeliums einzutreten. «Nichts wird getan außer von denen, die besonders zum Handeln geschult sind . . . Ein oder zwei Leute von geringem Äußeren, aber mit dem Herzen bei der Sache vollbringen große Dinge.»[14]

Newman deckt die grundliegende Handlungsmaxime der *Heilsgeschichte* seinen Hörern auf: «Daß der Einfluß der Wahrheit im großen und ganzen in der Welt sich aus dem direkten oder indirekten persönlichen Einfluß derjenigen ergibt, die mit ihrer Lehre beauftragt sind.»[15] Das persönliche Zeugnis der einzelnen Christen, die für ihren Auftrag eintreten, setzt allerdings voraus, daß sie selbst ihrer Sache sicher sind. Dies können sie im Blick auf das Evangelium sein, wenn sie der Stimme des Gewissens folgen. «In einer Seele, die ihrer von Gott gegebenen Art treu bleibt, geht das schwache Licht der Wahrheit immer heller auf. Die Schatten, die es anfangs trübten,

die unwirklichen Gestalten, die durch den eigenen zwielichtigen Zustand hervorgerufen wurden, vergehen. Was unsicher war wie ein bloßes
Gefühl und sich nur durch die befehlende Dring-
lichkeit seiner Stimme von einer bloßen Einbildung unterschied, wird fest und entschieden, es
verstärkt sich zum Prinzip und entwickelt sich
zur Gewohnheit. Je mehr neue Pflichten auftau-
chen und je mehr neue Kräfte in Tätigkeit gesetzt
werden, desto schneller wird alles in die schon
bestehende innere Ordnung aufgenommen und
dort an den gebührenden Platz gestellt.»[16] − Aber
natürlich hat das *Glaubenszeugnis* der je einzelnen,
die sich auf ihr Gewissen berufen, eine schwache
Position gegenüber der Mehrheit, die sich auf die
Logik der sichtbaren Tatsachen beruft und an den
Verstand appelliert oder sich auf politische Macht
stützt.

Diejenigen, die für die sichtbaren und hörba-
ren Dinge dieser Welt eintreten, sind so gesehen
im Vorteil. Reden «können von Tausenden gehört werden, eine gute Tat wird auch im günstig-
sten Fall nur von einzelnen wenigen gesehen und
gewürdigt»[17]. Darum ist es geradezu faszinie-
rend, daß sich die Botschaft des Evangeliums
überhaupt ausgebreitet hat. «In der Tat», sagt
Newman «sie hat sich in der Welt nicht als System, nicht durch Bücher, nicht durch Argumen-
te, auch nicht durch weltliche Macht erhalten,
sondern durch den persönlichen Einfluß solcher
Menschen . . ., die zugleich Vorbilder und Lehrer
der Wahrheit (gewesen) sind»[18]. Newman ruft
seine Zuhörer auf, sich auf solche Weise ihrerseits

13

für die Wahrheit des Evangeliums in Dienst nehmen zu lassen, in einer Zeit, in der sie, wiederum als Minderheit, dafür eintreten müssen. Er ermutigt sie, vor dieser Situation keine Angst zu haben. Er selbst hat aufgrund der Treue zu seinem Gewissen die Erfahrung gemacht, wie sehr dies die Basis für ein offenes Auftreten und Eintreten für die Sache Gottes geben kann. Mit dieser Erfahrung war er auch imstande, die Kirchenväter mit dem entsprechenden Vorverständnis zu lesen. An ihnen konnte er erkennen, daß einzelne treue und beharrliche Gestalten einen großen Einfluß ausgeübt hatten und «wir werden schwerlich die sittliche Autorität würdigen können, die ein einzelner Mensch im Laufe der Jahre über seinen Umkreis erwirbt, wenn er sich geübt hat, selber zu tun, was er andere lehrt . . . Die Anziehungskraft der unbewußten Heiligkeit ist zwingend und unwiderstehlich»[19]. Diese Einsichten und Überzeugungen über die Art und Weise wie Gott seine Offenbarungswahrheit durch die Geschichte der alten Kirche tradieren ließ, prägten sich Newman unauslöschlich ein.

Als Newman im Frühjahr 1833 auf einer Auslandsreise in Sizilien lebensgefährlich erkrankte, behielt er bis ins Fieberdelirium hinein das Bewußtsein: «Ich habe nicht gegen das Licht gesündigt» und «Ich habe ein Werk zu tun»[20]. Er meinte damit seine Sendung, die Kirche von England nach den Grundsätzen der Kirche der Apostel und Kirchenväter aus den ersten Jahrhunderten zu reformieren. Dieser Aufgabe, eine apostolische Bewegung in der Kirche ins Leben zu rufen, widmete er all seine Kräfte. Von Gruppen und Komitees hielt er wenig. Deshalb veröffentlichte er seine Reformforderungen allein in der Form von Flugschriften; und eine Reihe seiner Freunde taten dasselbe. Über neunzig solcher Texte, zum Teil kleine Bücher, erschienen in weniger als einem Jahrzehnt von 1833 an. – Davon waren Newman und alle Anhänger der apostolischen Bewegung (Oxford-Bewegung) überzeugt: Der anglikanischen Kirche gebührt auf dem Fundament der Kirche der Apostel ein legitimer Platz in der kirchlichen Überlieferung zwischen den Verkürzungen der protestantischen Kirchen und den sog. Auswüchsen der Kirche von Rom. Für die anglikanische Kirche beanspruchten die Reformer eine Position der Mitte (Via Media).

3. «Leben heißt sich ändern»

Newman war zur Erkenntnis der wahren Lehren der christlichen Überlieferung auf seinem Lebensweg durch aufmerksames Forschen, durch Gebete und Askese gekommen. In der Konsequenz dieses Weges war er zum Führer der Oxford-Bewegung geworden. Nie hätte er gedacht, daß er in der Folgerichtigkeit seiner Ansätze eines Tages zu der Einsicht gelangen würde, daß die Kirchengeschichte ihm nicht die Kirche von England, sondern die Kirche von Rom als die einzig wahre Kirche Jesu Christi ausweisen würde. Angesichts der großen Hoffnungen, die seine mitreißenden Flugschriften, seine überzeugenden

Predigten und seine liturgischen Reformen geweckt hatten, fiel es ihm schwer, sich dem neuerlichen Ruf zu stellen, der ihn zum Verlassen seiner Glaubensgemeinschaft aufforderte. Das war der Fall, als er beim Studium der Geschichte von Irrlehren (Häresien) des 4. Jahrhunderts zweimal erkennen mußte, daß es dabei jeweils eine extreme Irrlehre gab, eine mittlere Position und die kontinuierliche Linie der Kirche von Rom: «Rom blieb Rom»[20a]. Zwar half ihm die Erfahrung, daß die Widerstände in der Kirche von England gegen die Anliegen der Oxford-Bewegung größer waren als die Zustimmung zu ihren Prinzipien. Aber er hätte nie gedacht, daß die Frage, die er in einer seiner Aufsehen erregenden Predigten von 1836 formulierte: «Was haben wir gewagt?» ihn selbst in ganz besonderer Weise betreffen würde. Es war das Wagnis, seine ganze Herkunft, seine Verwandtschaft und Freunde, seinen Lebensunterhalt und seine Zukunftskarriere opfern zu müssen. Damals hatte er seinen Zuhörern gesagt: «Ich fürchte, bei einer etwaigen Überprüfung stellt sich heraus, daß es nichts gibt, wozu wir uns entschließen, nichts was wir tun, nichts was wir unterlassen, nichts was wir meiden, nichts was wir wählen, nichts was wir aufgeben, nichts was wir unternehmen, wozu wir uns nicht entschließen würden, was wir nicht täten, nicht unterließen, vermieden, wählten, aufgäben und unternähmen, wenn Christus nicht gestorben und der Himmel uns nicht verheißen wäre. Ich fürchte wirklich, daß die meisten der sog. Christen, wie immer ihr Bekenntnis sein mag, was immer sie an Gefühlen zu haben glauben, was immer an Wärme und Erleuchtung und Liebe sie für sich in Anspruch nehmen mögen, dennoch so leben, fast wie sie leben würden, weder viel besser noch viel schlechter, wenn sie das Christentum für eine Fabel hielten.»[21] Diese Bereitschaft, dem Ruf zu folgen und das Wagnis einzugehen, wurde von Newman selbst gefordert. Im Sommer 1845 schrieb er an einem Buch, um für die letzten Schritte zur Konversion in seiner Lebensmitte die nötige Klarheit im Denken und die nötige Gewißheit in seinem Gewissen zu erhalten. Waren die von den anglikanischen Theologen sog. «Auswüchse» in der Lehre der Kirche von Rom vielleicht Zeichen der Lebendigkeit und damit Zeugnis der Entwicklung von Jahrhundert zu Jahrhundert? Und war die Stellung des Bischofs von Rom die Spitze des Lehramtes einer Kirche, die Gottes Offenbarung unfehlbar bewahren sollte (Mt 16) und somit eine notwendige Garantie für den rechtmäßigen Entwicklungsprozeß der christlichen Lehre? Newman kam nicht dazu, das Buch zu Ende zu schreiben. Die Gewißheit stellt sich ihm schon vorher ein und er folgte ihr unverzüglich. Dieses Mal erschloß ihm sein Gehorsam die Vision des inneren Friedens. Auf der letzten Seite des Buches gibt er davon Zeugnis mit einem Zitat aus dem Lukasevangelium: «Nun läßt Du, Herr, Deinen Diener, wie Du gesagt hast, in Frieden gehen. Denn meine Augen haben das Heil gesehen.»[22] – So war für ihn selber wahr geworden, was er über die «Entwicklung der christlichen Lehre» zu Eingang seines Buches formulierte: «In einer höheren Welt ist es anders, aber hier unten heißt Leben sich verändern und Vollkommensein heißt sich oft gewandelt haben.»[23]

Es nicht nur bei Worten belassen, sondern aus dem menschlichen Bekenntnis lebendige Wirklichkeit zu machen, sie mit seinem eigenen Leben und seiner eigenen Lebensbiographie zu *verkörpern*, das war das Grundanliegen Newmans, das er im Blick auf die Heilsgeschichte gelernt hatte, wo Gott seine Verheißungen in Taten verbürgt. Daran hat er auch die wahre Kirche Jesu Christi gemessen: «Ich glaube, ich war der erste Schriftsteller, der Leben zu dem Kennzeichen schlechthin einer wahren Kirche gemacht hat.»[24] Deshalb vertraute er auch darauf, daß die Tatsache der Konversion eines Menschen eine wirksamere Predigt sei, als viele Worte. «Der Anblick eines bekehrten Menschen ist das zwingendste und zugleich leiseste und entwaffnendste Argument. Wenn Menschen davon nicht überzeugt werden oder zumindest betroffen, werden Worte es nicht bewirken. Das mag den Weg zu Worten bahnen, Worte mögen hinterher das Passende sein. Aber wenn das nicht etwas bewirkt, bewirken Worte noch weniger.»[25] Das ist Newmans Grundverständnis: Das Wesen der Religion ist Umkehr, Hinkehr zu Gott und Abkehr von allem, was daran hindert. An einem Menschen, der selbst diese Umkehr vollzieht oder vollzogen hat, wird also Religiosität zum Anfassen erlebbar.

Im Vergleich dazu sind Worte zweitrangig. – Der Gedanke Newmans gilt auch im weiteren

Sinne; denn welcher Christ hätte nicht immer aufs neue Bekehrung nötig? Sein Leben von Gott her bestimmen zu lassen wird gerade von solchen lebendigen Bekundungen des Kontaktes mit Gott erfahrbar. «Leben heißt sich ändern.»

4. «Spalte erst einmal den Granit mit Rasierklingen . . .»

Zwischen 1851 und 1858 widmete sich Newman der Gründung und dem Aufbau einer katholischen Universität in Dublin. Er tat das im Auftrag der irischen Bischöfe. Dabei dachte er besonders über den Zusammenhang von Bildung, sittlichem Verhalten und Religion nach. Schon in seinen Oxforder Jahren hatte er scharfsichtig beobachtet, wie die Bildungspolitiker seiner Zeit die Meinung vertraten, der Wert der Religion sei neuerdings durch Wissenschaft und Fortschrittsglauben zu ersetzen. Dieses Mißverständnis deckte Newman deutlich auf und analysierte seine Unlogik. Wer über gute Kenntnisse in einer wissenschaftlichen Disziplin verfügt, muß nicht zugleich ein disziplinierter Charakter sein. Und wer eine sittlich gebildete Persönlichkeit ist mit Gerechtigkeit und Klugheit und anderen Tugenden, muß nicht zugleich ein religiöser Mensch sein, auch wenn christliches Leben die Überwindung schlechter Gewohnheiten erfordert und gewährt. «Die Schule des Wissens . . . läßt den Menschen, wie sie ihn findet . . . Laster wird man nicht mit menschlicher Hilfe los . . . Man muß zu einer höheren Quelle emporsteigen, wenn man Herz und Wille erneuern will. Solange man seine Zuflucht nicht zum Christentum nimmt, spielt man nur eine Art ‹Fang-mich› mit dem Fehl unserer Natur.»[26] Scharfkantig macht Newman seinen Zuhörern klar, was er aus eigener Erfahrung kannte: «Spalte erst einmal den Granit mit Rasierklingen und vertäue ein Schiff mit einem Faden von Seide, dann darfst du hoffen mit so feinen und zarten Instrumenten wie der menschlichen Bildung und der menschlichen Vernunft gegen jene Riesen, die Leidenschaften und den Stolz des Menschen, den Kampf bestehen zu können.»[27] Universale Bildung, wie sie an einer Universität gelehrt und vermittelt werden soll, soll also nach Newmans Auffassung nicht nur wissenschaftliche Kenntnisse vermitteln, sondern auch die sittlichen Kräfte schulen und die Betätigung der religiösen Fähigkeiten ermöglichen. Für die ethische Erziehung sah Newman im Zusammenleben der jungen Menschen in Studentenheimen geeignete Möglichkeiten, wenn es dort qualifizierte Tutoren geben würde. – So sehr Newman das Ziel der Bildung in dem von ihm beschriebenen Gentleman-Ideal sah, fehlte diesem doch eine entscheidende Dimension des Menschseins. Der Gentleman ist «der Mensch, der niemals Unannehmlichkeiten bereitet ... Sein Hauptanliegen besteht darin es jedermann behaglich und heimisch zu machen. Er hat Augen für jeden einzelnen in seiner Gesellschaft ... Er hat zu viel gesunden Menschenverstand als daß er sich über Beleidigungen aufregt ... Er mag

mit seinen Anschauungen im Recht oder im Irrtum sein, jedenfalls denkt er zu klar, um ungerecht
zu werden. Seine Worte sind so schlicht wie zwingend und so kurz wie entschieden»[28]. Aber selbst
von diesem hohen Ideal der Bildung und ethischen
Bildung sagt Newman, es sei allein aus dem Verstand gestaltet, es fehle ihm die Religiosität.

Zum Christsein gehört nach Newmans Auffassung eine besondere sittliche Qualität, die er in
der Lehre von den *entgegengesetzten Tugenden* beschreibt. Es sei ja vergleichsweise nicht so
schwierig, meint er, einzelne sittliche Haltungen
zu kultivieren: gütig zu sein oder streng, be-
schaulich oder aktiv, freigebig oder sparsam, de-
mütig oder selbstbewußt. Bei dieser Praxis achte
jemand lediglich auf die Entfaltung seiner Fähigkeiten in einer ganz bestimmten Richtung, eben
der Güte oder der Freigebigkeit. Darum besteht
«das eigentliche Problem, das christliche Pflicht
uns zu lösen heißt, in der Vereinbarung entgegen-
gesetzter Tugenden»[29]. Was wie Alternativen ausschaut, sollte von Christen miteinander verbunden und versöhnt werden. Sie sollten sowohl
gerecht wie barmherzig, sowohl gütig wie konse-
quent, sowohl klug, d. h. wissen wohin ein Verhalten führt, als auch geistesgegenwärtig sein.

Verhaltensweisen zu formen ist eine ganz andere Art der Anstrengung als die Schulung des
Verstandes. Um sich von Gott führen zu lassen
und seine Zuneigung und Gnade im eigenen
Leben wirken zu lassen, kann man beide brauchen, besonders aber die Formung des Verhal-
tens.

5. « Drei schwere Krankheiten . . . und wieviel Gutes ist schließlich daraus geworden»

Newman mußte mit einem vollen Maß an Leid in verschiedenen Arten in seinem Leben umgehen: die Verarmung der Familie, für deren Unterhalt er viele Jahre sorgen mußte; der Schmerz über den Verlust seiner erst neunzehnjährigen Schwester Mary; die Enttäuschung über Freunde, die nicht offen mit ihm umgingen; die Zumutungen Gottes, die ihn völlig unerwartete Wege führten; Verdächtigungen von Vorgesetzten gegen die er sich nicht wehren konnte usw.

Unter den physischen Leiden, die in seinem Leben eine besondere Rolle spielten, waren es drei Krankheiten, die er immer in Erinnerung behielt und die für ihn eine religiöse Bedeutung hatten. Im Verlauf des Sommers 1816, als er nach dem Willen seiner Eltern allein im Internat hatte bleiben müssen, wurde er krank, mußte das Bett hüten und hatte starke Einsamkeitsgefühle. In jenen Wochen begang für ihn der Vorgang seiner Bekehrung zur Gewißheit der Existenz Gottes. Die Krankheit «machte mich eigentlich zum Christen – mit Erfahrungen vorher und nachher, ehrfurchtgebietend und nur Gott allein bekannt»[30]. – Als er im Spätherbst 1827 als öffentlicher Prüfer der Universität Oxford tätig war, erlitt er einen physischen Zusammenbruch, der ihn dazu zwang, für einige Zeit seine Arbeit ganz aufzugeben. Und diese Krankheit «hat mich von einem beginnenden Liberalismus wieder zurückgebracht und meinem religiösen Weg die endgültige Bestimmung gegeben»[31]. Newman erlebte die Erkrankung als einen Umkehrimpuls, der ihm die Vergänglichkeit der Welt noch deutlicher bewußt machte und die Gefahr zeigte von Gott vordergründig und nach menschlichen Maßstäben zu denken, was er als «liberal» bezeichnete. – 1833 erkrankte Newman in Sizilien erneut lebensgefährlich. Auch dabei erlebte er im Fieberzustand eine weitere Läuterung; denn sein bisheriges Leben erschien ihm vergleichsweise «hohl», mit «wenig Liebe und wenig Selbstverleugnung»[32]. – Die Erfahrungen seiner Krankheiten wurden für ihn ein Stück Heilsgeschichte; denn die Erinnerung daran begleitete ihn sein ganzes Leben hindurch als eine Erfahrung, wie Gottes Vorsehung ihn durch äußere Einwirkung auf den richtigen Weg gewiesen habe.

Newman sieht die Leiden seines Lebens im Lichte der göttlichen Führung, der er sich anvertraut hat. Das bezog sich bei ihm sowohl auf physische Schmerzen wie auf die seelischen Leiden, die er besonders in der zweiten Lebenshälfte hatte erdulden müssen. So schreibt er in seinem Tagebucheintrag von 1869: «Ich glaube, jeder Mensch kann so vieles über die Vorsehung Gottes ihm gegenüber sagen. Ohne Zweifel waltet Gott über jedem mit Wachsamkeit und Sorgfalt . . .»[33] – Wie erstaunlich übereinstimmend ist diese Aussage des 68jährigen in seinem Tagebuch nach so vielen leidvollen Jahren, ja Jahrzehnten, mit den Aussagen in einer Predigt über «Die besondere im Evangelium geoffenbarte Vorsehung» von 1835, wo es heißt:

«Man spricht wohl im allgemeinen von Gottes Güte, seinem Wohlwollen, seinem Mitleid, seiner Langmut; aber man stellt sich dies vor wie eine Atmosphäre, welche die Welt umhüllt, oder wie sich das Sonnenlicht über das Ganze legt – nicht wie eine sich stets wiederholende Tätigkeit eines wissenden, lebendigen Geistes, der sich bewußt ist, wem er sich kundgibt, und mit seinem Wirken auf etwas hinzielt. Darum wissen die Menschen, wenn sie in Trübsal geraten, nichts anderes zu sagen als: «Alles ist zum Guten, Gott ist gut» und dergleichen mehr, und davon fällt nur ein frostiger Trost auf ihre Seele, der ihre Leiden nicht mindert. Der Gedanke an den barmherzigen Gott, der jeden persönlich sieht, ist ihnen nicht eine innere Empfindung geworden, und sie können nur an eine allgemeine Vorsehung denken, die nach einem universalen Gesetze waltet . . . Wären sie mit dem Worte Gottes vertrauter, so wüßten sie: nach der Heiligen Schrift haben alle und jeder einzelne an der persönlichen Liebe Gottes teil . . . Die gewinnendste Eigentümlichkeit in der erbarmungsvollen Liebe unseres Heilands ist die , daß sie sich sozusagen von Zeit und Ort und persönlichen Umständen des einzelnen abhängig macht; mit anderen Worten, es ist ihre liebenswürdige Anpassung. Sie versteht jeden einzelnen jeweils so und nimmt sich seiner gerade auf die Weise an, die ihm persönlich entspricht . . .

Gott sieht dich als Einzelwesen, in der Lage, in der du gerade bist. Er «ruft dich bei deinem Namen» (Jes 43,1). Er sieht dich, und er versteht dich, denn er ist dein Schöpfer. Er weiß, was in dir vorgeht; er weiß von all deinem persönlichen Fühlen und Denken, deinen Anlagen und Neigungen, deiner Kraft und deiner Schwäche. Er sieht dich in den Tagen der Freude und in den Tagen der Trübsal; er nimmt teil an deinen Hoffnungen und deinen Versuchungen; er ist Mitwisser um deine Ängste und Erinnerungen, um das Auf und Nieder deiner Stimmungen; er hat die Haare deines Hauptes und die Ellen deiner Körperlänge gezählt; er umschließt dich rings und trägt dich in seinen Armen; er hebt dich auf und setzt dich nieder; er beobachtet dein Antlitz, ob es lächelt oder weint, ob es gesund oder krank erscheint; er hört das Pochen deines Herzens und den Atem deiner Brust. Du liebst dich selber nicht mehr, als er dich liebt; du kannst nicht erschreckter vor einer Prüfung erbeben, als er teilnehmend sie mit dir tragen will; und er legt sie dir mit einer solchen Rücksicht auf, wie nur du selbst es um eines größeren Gutes willen tätest, wenn du weise wärest. Du bist nicht nur sein Geschöpf – obschon er auch für die kleinen Sperlinge sorgt und sich des Viehs von Ninive erbarmt (Mt 10,29; Joh 3,7ff.) –, du bist ein Mensch, erlöst und geheiligt, sein angenommenes Kind, und hast gesegneten Anteil an jener Herrlichkeit und Seligkeit, die er von ewig in Fülle seinem eingeborenen Sohn geschenkt. Du bist erwählt, sein eigen zu sein, und wie sehr bevorzugt vor vielen deinesgleichen auf der weiten Welt! Du bist einer von denen, die Christus in sein Gebet einschloß und die er mit seinem kostbaren Blut bezeichnete.»[34]

6. «Aus Schatten und Bildern zur Wahrheit»

John Henry Newman hat ein hohes Alter erreicht. Das ist menschlich gesprochen gut so, denn auf diese Weise wurde seinem Leben noch jener späte Glanz der Ehrung zuteil, der einem Leben gebührt, das sich ganz im Kampf um die Wahrheit verzehrte. Sowohl von akademischer wie von kirchlicher Seite waren Anerkennungen lange Zeit ausgeblieben. Als 76jähriger erreichte ihn die Nachricht, daß die Vorsteherschaft des Trinity-College von Oxford, in dem er seine Studienzeit verbracht hatte (1817-1820), ihn zu ihrem ersten Ehren-Fellow erwählt hatte. Zwei Jahre später wurde er von Papst Leo XIII. in das Kardinalskollegium der Katholischen Kirche aufgenommen. «Die Wolke hat sich gehoben», schrieb er in einem Brief, gemeint war die Wolke der Verdächtigung seiner Rechtgläubigkeit, unter der er lange Zeit hatte leben müssen. Wie eine Art Zusammenfassung seines beziehungsreichen Lebens klingt das Motto, das er sich zum Kardinalswappen wählte: «Cor ad cor loquitur – das Herz spricht zum Herzen». Newman formulierte es vermutlich in der Erinnerung an eine Schrift des Hl. Franz von Sales, wo es heißt: «Der Verstand hat gut reden, aber nur das Herz spricht zum Herzen.»[35] Das Vertrauen auf die Kraft des Herzens und damit des Lebens, das größer ist, als der Verstand und die Logik, kommt darin ebenso zum Ausdruck wie sein Vertrauen auf die Kraft des «Persönlichen Einflusses als Mittel zur Verbreitung der Wahrheit», vor allem aber sein Vertrauen auf die Freundschaft zwischen Menschen. Davon gibt die (noch unvollendete) Ausgabe seiner Briefe und Tagebücher in 31 Bänden beredes Zeugnis.

Im eigentlichen und geistlichen Sinne ist die Vollendung des Lebens von John Henry Newman nicht in den äußeren Bestätigungen zu suchen, vielmehr in seiner inneren Bereitung auf den Hinübergang zu Gott. Als 63jähriger schrieb er in einer frühen Morgenstunde «im Angesicht des Todes» sein geistliches Testament. Zwei Jahre später veröffentlicht er den «Traum des Gerontius», das Gespräch eines sterbenden Menschen mit seinem Engel während des Hinübergangs. 1876, ein Jahr nach dem Tod seines Freundes Ambrose St. John, verfügte er in dessen Grab beigesetzt zu werden. Als Inschrift für die Gedenktafel im Kreuzgang zur Oratoriumskirche schlug er vor: «Ex umbris et imaginibus in veritatem – Aus Schatten und Bildern zur Wahrheit». Als 80jähriger bestätigte er diesen Text, der heute auf einer Marmortafel an der genannten Stelle zu lesen ist. Vielleicht spiegelt sich darin Newman's Erinnerung an die Auslegung des Psalmes 38 von Ambrosius, in der es in Bezug auf die drei Gezeiten der Heilsgeschichte heißt: «Zuerst ging der Schatten vorüber, es folgte das Bild, sein wird die Wahrheit.»[36]

Am 11. August 1890 starb Newman. Die Times schrieb in ihrem Leitartikel: «Ob Rom ihn heiligspricht oder nicht, er wird in den Gedanken der frommen Menschen vieler Bekenntnisse in England als Heiliger gelten.» Kardinal Manning sagte in seiner Totenansprache über Newman: «Kein Lebender hat einen solchen Wandel im religiösen Denken Englands herbeigeführt wie er. Sein Tod bringt ein Kapitel zum Abschluß, das im religiösen Leben dieses Jahrhunderts einzigartig dasteht.»[37]

ZUR AUSWAHL DER TEXTE IN DIESEM BAND

Es ist leicht erkennbar, daß in den verschiedenen Teilen der ausgewählten Texte dieses Bandes zentrale geistliche Anliegen Newman's zu Wort kommen: Gottes Ruf, die Vorsehung Gottes und die Gestaltung des christlichen Charakters. Otto Karrer (1888–1976), ein führender Newmankenner seiner Zeit, entnahm die Texte durchgehend aus Predigten und zwar zumeist aus Newman's «Pfarr- und Volkspredigten», die in der Oxforder Zeit entstanden waren (1825–1843). Karrer benützte dabei die vorliegenden Übersetzungen von Guido Maria Dreves (1869–1905) und Matthias Laros (1882–1965), die er jedoch in seinem ebenso dynamischen wie sensiblen Stil verbesserte. Im letzten Teil greift Karrer auf Texte aus den «Betrachtungen und Gebeten» zurück, die von den Oratorianern in Birmingham posthum ediert

(1893) und von Maria Knöpfler (1881–1927) übersetzt worden sind. Sie sind Zeugnis der reichen Gebetspraxis von Newman, der bekennt, daß er nicht selten seine Meditationen «mit der Feder in der Hand» hielt.[38]

I

DER GÖTTLICHE RUF

GOTT UND SEELE

Jede menschliche Seele, die auf Erden ist oder war, hat ihr eigenes Dasein, und zwar in Ewigkeit, nicht nur in dieser Zeit, in der unsichtbaren, nicht nur in der sichtbaren Welt, und nicht nur während ihres sterblichen Lebens, sondern von der Stunde ihrer Erschaffung an für immer, mag sie nun einem stofflichen Leibe noch zugehören oder nicht.

Nichts ist schwieriger, als uns lebendig zu vergegenwärtigen, daß jeder Mensch eine besondere Seele hat, daß jeder einzelne von all den Millionen, die leben oder je gelebt haben, ein in sich geschlossenes, selbständiges Wesen ist, als wäre sonst niemand auf der ganzen Welt als dieses. Um zu erläutern, was ich meine: Wird wohl der Befehlshaber eines Heeres tief davon durchdrungen sein, wenn er eine Abteilung auf ein gefährliches Unternehmen schickt? Ich will nicht sagen, er tue unrecht, indem er sie ausschickt; es handelt sich bloß um die Tatsache selbst. Stellt ihr euch vor, es werde ein solcher im allgemeinen sich gegenwärtig halten, daß jeder von diesen armen Menschen eine Seele hat, eine Seele, ihm selbst so lieb und so kostbar in ihrem Wesen wie die seine? Oder wird er nicht dazu neigen, die Mannschaft als ein Kollektiv, als eine Masse oder als Teil einer Gesamtheit zu betrachten, als wären es nur Räder oder

Stahlfedern in einem Triebwerk, so daß er wohl mit dem Ganzen als etwas besonderem rechnet, aber nicht mit dem einzelnen, aus denen jedes besteht?

Das Beispiel wird veranschaulichen, was ich meine, und wie sehr uns alle die Bemerkung angeht, wir verstünden nicht recht die Lehre von der Persönlichkeit des Einzelnen, von dem besonderen Wert jeder Menschenseele. Wir sehen die Menschen als Masse, wie wir die Steine eines Gebäudes zusammensehen. Erwäge nur, wie wir gemeinhin Geschichte, Politik, Handel und dergleichen auffassen, und du wirst gestehen müssen, daß ich die Wahrheit sage. Wir reden von nationaler Größe, und was wollen wir damit sagen? Was in Wirklichkeit damit gesagt ist, ist doch dies: eine bestimmte Anzahl unsterblicher Wesen befindet sich für einige Jahre unter solchen Verhältnissen, daß sie zusammenwirken und in einem solchen Verhältnis zueinander stehen, daß sie auf die Welt im ganzen einwirken können, Einfluß auf sie gewinnen, Macht und Wohlstand erlangen, als ein Ganzes erscheinen, als ein Ganzes gelten und als ein Ganzes behandelt werden. Sie scheinen für kurze Zeit etwas Einheitliches zu sein, und weil wir gewohnt sind, nach dem Sinneseindruck zu leben, sehen wir sie als eine Einheit an und lassen die Vorstellung beiseite, daß sie noch irgendetwas anderes sein könnten; und wenn dieser oder jener stirbt, so vergessen wir, daß es sich um den Übergang von unsterblichen Einzelwesen in einen unsichtbaren Zustand handelt, daß das Ganze [die «Menschheit», das «Volk»], das der Erscheinung zugehört, eben *nur* Erscheinung ist und daß das Reale die Teile [die Einzelseelen] sind, aus denen sich das Ganze zusammensetzt. Nein, wir denken an nichts von alldem, und obschon immer neue und neue Menschen sterben und immer neue und neue Menschen geboren werden, so daß sich das Ganze fortwährend ändert, vergessen wir alles, was verschwindet, und geben uns keine Rechenschaft von dem neu Hinzukommenden. Wir denken nach wie vor, dieses Ganze, was wir Nation nennen, sei immer ein und dasselbe, und die Einzelnen, die da kommen und gehen, hätten nur Dasein in diesem Ganzen und nur für dieses und seien nur wie die Körner eines Haufens oder die Blätter eines Baumes.

Oder überblicken wir eine volkreiche Stadt, wie da die Menge durch die Straßen drängt, die einen zu Fuß, die andern zu Wagen, vorbei an gefüllten Läden und dichtbesetzten Häusern. Allenthalben ist volles Leben. Daher die allgemeine Vorstellung von Glanz und Pracht, von Wohlhabenheit und Fülle der Kraft. Aber was ist die Wahrheit? Daß jedes Wesen in diesem Wirbel etwas für sich ist, mit seinem eigenen Mittelpunkt, und daß alles, was den einzelnen umgibt, nur Schatten sind, «eitle Schatten», zwischen denen «er hingeht und sich vergeblich sorgt» [Pred 4, 4]. Jeder hat seine eigenen Hoffnungen und Befürchtungen, seine Wünsche, Gedanken, Ziele; er ist sich selbst alles, und alle anderen sind für ihn nichts. Niemand außer ihm kann ihn eigentlich berühren, keiner seine Seele berühren, sein unsterbliches Wesen: er muß in alle Ewigkeit bei sich selbst sein, er trägt in sich eine unergründliche Tiefe, einen endlosen Abgrund des Seins. Das Schauspiel, in dem er für eine kurze Weile seine Rolle spielt, ist nur wie der flüchtige Sonnenstrahl auf der Bühne. Wenn wir in der Geschichte lesen, begegnen wir Berichten von großen Schlächtereien, Massenmorden, Pestseuchen, Hungersnöten, Bränden usf., und auch hier, und hier besonders, sind wir gewohnt, ganze Volksmassen wie Einzelwesen zu betrachten und es kommt uns gar nicht in den Sinn, daß es sich jeweils um eine Vielheit von unsterblichen Seelen handelt.

Ich sage: *unsterbliche* Seelen. Denn jeder einzelne in diesen Massen *hatte* nicht bloß eine Seele, solange er auf Erden war, nein, er *hat* sie noch, eine Seele, die nur zu ihrer Zeit zu Gott heimging, der sie gab, und sie hört nicht auf zu sein, sondern lebt nun bei Gott. All die Millionen und Abermillionen menschlicher Wesen, die nacheinander den Boden der Erde betraten und ihr Auge zum Licht der Sonne erhoben, sind alle noch gegenwärtig im Dasein. Mir scheint, wir sind von dieser Tatsache nicht hinlänglich durchdrungen — ihr werdet dies zugeben. Von jenen Bewohnern Kanaans, die von den Söhnen Israels erschlagen wurden, sind zur Stunde alle noch irgendwo im All, wo ihnen Gott ihre Stelle zugewiesen hat. Jeder von ihnen lebt noch, jeder von ihnen hatte hienieden seine eigenen Gedanken und Gefühle und hat solche noch. Sie alle hatten ihre Freuden und ihre Geschäfte, erwarben sich, was ihnen gefiel, und freuten sich dessen — und wahrlich, noch leben sie irgendwo, und was sie damals im Fleische taten, war von Einfluß auf ihr jetziges Los. Sie leben. Sie sehen dem Tag entgegen, an dem alle Völker vor Gott versammelt sein werden. Und so ist es mit allen, deren Namen wir auf den Grabsteinen in Kirchen und Friedhöfen lesen; mit den Autoren, auf deren Namen und Werke wir in Bibliotheken stoßen; mit jenen Meistern, die nah und fern die mächtigen Bauwerke errichteten, die einmal als Weltwunder galten. Sie alle sind noch vor Gottes Augen, sie alle leben.

Und dasselbe gilt von all denen, die wir selber einmal sahen und die an uns vorübergegangen sind. Ich rede jetzt nicht von denen, die wir näher kannten und die wir liebten: *sie* können wir nicht vergessen, sie können unserem Gedächtnis nicht entschwinden; ich spreche von allen, die wir überhaupt jemals gesehen haben. Und auch von ihnen gilt, daß sie leben. Wo, das wissen wir nicht; aber sie leben. Wir erinnern uns, vielleicht als Kinder einen bestimmten Menschen gesehen zu haben, und es kommt uns heute fast wie ein Traum vor, daß wir ihn sahen, wie ein Geschehnis, das aufscheint und vorüber ist, gleich jenen Phänomenen des Augenblicks, die alsbald wieder vergehen, so wie Regen fällt und wie Sturm wütet und nur für eine Weile da sind, solange es regnet und stürmt, ohne Substanz in sich zu haben. Wenn wir aber

ein Kind Adams auch nur ein einziges Mal ge-
sehen haben, so haben wir ein unsterbliches
Wesen gesehen. Es ist nicht hingegangen wie
Wind und Sonnenschein; es lebt, und es lebt
in diesem Augenblick, sei es an einem Ort des
Segens, sei es an einer Stätte des Elends.

Wir müssen wohl zugestehen, wir seien mit
solchen Gedankengängen nicht sehr vertraut;
aber niemand wird sagen können, sie seien unwirklich. Und all die Seelen, die je auf Erden
waren, sind, wie angedeutet, in einem der beiden
Zustände, die voneinander so sehr verschieden
sind, daß auf dem einen Gottes Wohlgefallen,
auf dem andern Gottes Zorn ruht; der eine ist
der Weg zur ewigen Seligkeit, der andere zum
ewigen Unheil. Das gilt von den Toten wie von
den Lebenden. Alle gehen den einen oder anderen Weg. Und doch, so sehr alle Menschen
einander ähnlich sehen, und so unmöglich wir
sagen könnten, wie es mit einem jeden in Gottes
Augen bestellt ist: es gibt zwei verschiedene
und nur diese beiden Menschenklassen. Sie sind
in ihren Grundrichtungen, sowohl was ihren
inneren Zustand wie ihr äußeres Los betrifft, so
weit voneinander verschieden wie Licht und
Finsternis. Das gilt selbst von denen, die noch
im Fleische wandeln, weit mehr von denen, die
bereits in die unsichtbare Welt hinübergegangen
sind.

Wahrlich, kein Gedanke kann so überwäl-
tigen wir der, daß alle, die leben und je gelebt
haben, für ein endloses Heil oder Unheil bestimmt sind. Der Gedanke ist fast zu gewaltig,

als daß wir ihn fassen könnten. Er übersteigt gewiß unsere Vorstellungskraft, daß alle, die nun als Bekannte, Freunde, Kameraden, Nachbarn zusammenleben, die einander nahestehen und sich vertraut sind, die in steter Wechselwirkung von Geist zu Geist, von Willen zu Wille, von Tat zu Tat in einem allgemeinen Austausch begriffen sind — bei all dem durch einen abgrundtiefen, unsichtbaren Gegensatz voneinander getrennt sind, der sie in zwei Gruppen scheidet — durch einen Abgrund, der gottlob noch überbrückbar ist, solange wir hienieden leben, bis wir in die jenseitige Welt eintreten, durch einen wirklichen Abgrund jedoch, so daß ein jeder, den wir sehen, vor Gottes untrüglichem Auge entweder auf dieser oder jener Seite steht und in dem Augenblick, da er durch Gottes Ratschluß plötzlich von diesem Schauplatz abgerufen wird, sich allsogleich in dem Zustand des Segens oder der Qual findet. Gerade dies sagt unser Herr vom Gerichtstag: «Von zweien, die da auf dem Felde sind, wird der eine aufgenommen, der andere bleibt zurück; von zwei Frauen, die an der Mühle mahlen, wird die eine aufgenommen, die andere bleibt zurück» [Mt 24, 40f.].

Welch ein Segen wäre es, wenn wir dies recht beherzigen würden! Welchen Umschwung würde es in unserem Denken hervorrufen, sofern wir nicht sehr verstockt sind, wenn wir uns gegenwärtig halten wollten, was wir sind, und wo: verantwortliche Wesen in einer Zeit der Prüfung, mit Gott zum Freunde und mit einem bösen Feind, und bereits ein gutes Stück unterwegs zum Himmel oder zum Verderben. Suchen wir also ernstlich zu verstehen, meine Brüder, was es heißt, eine unsterbliche Seele haben, und bitten wir Gott, er möge uns das Verständnis dafür aufschließen. Suchen wir ernstlich unsere Gedanken und Meinungen von dem Sichtbaren zu lösen, um die Dinge so anzusehen, wie Gott sie sieht, und so darüber zu denken, wie Gott darüber denkt. Nur wenige Jahre, und wir werden sehen und greifen, was wir jetzt zu glauben gerufen sind. Was werden wir dann über die Welt denken, die wir verlassen haben! Wie geringfügig werden uns dann die kühnsten Träume, wie nichtig die berauschendsten Vergnügungen im Vergleich zum ewigen Ziele sein!

PPS IV. 6: 80/92; vgl. Dreves 169 ff. (27. März 1836).

DAS HÖCHSTE GUT

Von Geburt aus sind wir in einem Stande des Mangels. Es fehlt uns etwas. Wir besitzen nicht alles, was zur Vollendung unserer Natur vonnöten ist. Wie der Leib für sich allein nicht etwas Vollständiges ist, sondern der Seele bedarf, um sinnvoll zu sein, so hat auch die Seele Fähigkeiten und Strebungen, die ihres eigentlichen Sinnes, ihres Gegenstandes und Zieles entbehren, solange nicht Gott in ihr gegenwärtig und sie seiner inne geworden ist.

Das ist von Geburt aus unser Los. Die Schrift spricht davon in mannigfachen Bildern. Sie spricht oft von der Blindheit der menschlichen Natur oder von ihrem natürlichen Hunger oder von der Nacktheit unseres angeborenen Wesens; sie spricht vom göttlichen Geist als Licht, Heil, Speise, Wärme, Kleid usf., um uns zu sagen, daß es einen angeborenen Stand für uns gibt, und wie dankbar wir sein sollen, wenn uns Gott in einen neuen Stand erhoben hat. Sie sagt z. B.: «Du sprichst: ich bin reich und hochgekommen und brauche nichts — und du weißt nicht, daß du elend und arm und bemitleidenswert, blind und nackt bist. Ich rate dir, kaufe von mir Gold, in Feuer geläutert, damit du reich wirst, und weiße Gewänder, damit man die Schmach deiner Blöße nicht sieht, und Salbe für deine Augen, damit du sehend wirst» (Geh Offb 3, 17 f.). Und wieder: «Gott läßt aus Finsternis Licht erstrahlen; er leuchtet in unsere Herzen, damit ihnen das Licht der Erkenntnis der Herrlichkeit Gottes im Antlitz Jesu Christi aufgehe» (2 Kor 4, 6).., und «Wer von dem Wasser trinkt, das ich ihm geben werde, wird nicht mehr dürsten in Ewigkeit; das Wasser, das ich ihm geben werde, wird ihm zur Quelle werden, die ins ewige Leben überströmt» (Joh 4, 14); und beim Psalmisten: «Sie werden trunken werden vom Überfluß deines Hauses, du wirst sie im Strom der Freude tränken» (Ps 35, 9).. «Ich erquicke die matt gewordene Seele, und jedem hungernden Herzen bin ich Genüge» (Jer 31, 35).

Man kann die Lehre, die in diesen Stellen enthalten ist, füglich so ausdrücken: die Menschenseele ist für die Anschauung Gottes geschaffen, und dieses erhabene Schauen, nichts anderes, ist ihr tiefstes Glück. Alles, was sie im übrigen besitzen kann, vermag sie nicht zu stillen, bis Gott ihr seine Gegenwart schenkt und sie in seinem Lichte lebt..

Das Glück der Seele besteht in den Schwingungen des Herzens. Nicht in Sinnesfreuden, noch in äußerer Tätigkeit, Erregung, Selbstgefühl, Machtbewußtsein, Kenntnissen — in all dem liegt unsere Seligkeit nicht, sondern darin, daß unser Gemüt in Bewegung und in lebendiger Beziehung auf das Ziel der Erfüllung ist. Gleich wie Hunger und Durst, Tastempfindung, Gehör, Geschmack dazu dienen, unserem irdischen Wesen Befriedigung zu vermitteln, so sind die Gemütsbewegungen die Freudenquellen unserer geistigen Seele. Sind sie in günstigem Ablauf begriffen, so ist die Seele glücklich; bleiben sie unbefriedigt oder werden sie erstickt, ist sie unglücklich. Darin besteht unser wirkliches Glück. Nicht zu wissen, zu streben und immer weiter zu streben, kann die Seele erfüllen, sondern zu lieben, zu vertrauen, zu jubeln, zu bewundern, anzubeten. Unsere wirkliche, wahre Glückseligkeit liegt im Besitz der Werte, die unser Herz erfüllen und zur Ruhe bringen.

Ist dies wahr, so ergibt sich sogleich daraus das andere: daß nämlich einzig die Geborgenheit unseres Geistes bei Gott, und nichts weniger, das Glück des Menschen ausmacht. Denn gibt es auch sonst noch vieles, was als Ziel der

Erkenntnis, als Antrieb der Tätigkeit oder als Anreiz dient — das Gemüt verlangt etwas Größeres und Bleibenderes als geschaffene Werte. Was neu und ungewohnt ist, kann erregen, aber nicht tiefer bewegen; das Angenehme oder Nützliche löst nicht Staunen, das eigene Selbst nicht Ehrfurcht, das bloße Wissen nicht Liebe aus. Nur der ist dem Menschenherzen Genüge, der es geschaffen hat.

Natürlich behaupte ich nicht, nur der allmächtige Schöpfer könne unsere Liebe, unsere Ehrfurcht, unser Vertrauen ansprechen und erwidern; auch zwischen Menschen kann solches stattfinden. Zweifellos kann ein Mensch seines Mitmenschen Liebe finden und sie in gewissem Maße erwidern; und es ist sogar eine erhabene Pflicht, eines der beiden Hauptgebote der Religion, dem Mitmenschen solche Gesinnung entgegenzubringen. Aber nicht davon rede ich hier, was wir können oder sollen, sondern davon, worin unsere Seligkeit besteht. Und es ist gar kein Zweifel: so sehr die Nächstenliebe, die Liebe zu allen Menschen, die eine Seite unserer religiösen Aufgabe darstellt, so kann sie doch nicht, für sich allein betätigt (wenn solches möglich wäre, was es in Wahrheit gar nicht ist), unsere seelische Erfüllung auch nur zum Teil bedeuten — von anderem abgesehen, schon deshalb nicht, weil unser Herz etwas Bleibenderes und Wandelloseres verlangt, als es ein Mensch dem anderen sein kann. Wir gewinnen für eine Zeitlang viel durch Gefährtschaft miteinander; es ist Erquickung für uns, wie frischer Lufthauch dem Ermattenden oder Speise und Trank dem Hungernden oder Tränenstrom dem bedrückten Herzen. Es ist ein süßer Trost, wenn wir jemand haben, dem wir Vertrauen schenken können; ein Trost, jemand zu haben, von dem wir Mitgefühl erwarten dürfen. Die Liebe zu Heim und Familie ist in dieser und jener Weise den meisten genug, um ihnen dieses Leben erträglich zu machen, was es sonst nicht wäre. — Dennoch, schließlich bedarf unser Gemüt etwas mehr, um in Schwingung zu bleiben. Es verlangt nach etwas, was beständig ist. Sterben nicht alle Menschen? Werden sie uns nicht weggenommen, sind sie nicht hinfällig wie das Gras des Feldes? Wir fühlen uns nicht zu vernunftlosen Dingen hingezogen, weil sie nicht in sich selbst Bestand haben; wir hängen unser Herz nicht an Sonne, Mond und Sterne oder an diese reiche und schöne Erde: denn alles Stoffliche sinkt zu nichts und schwindet wie Tag und Nacht dahin. Auch der Mensch, obschon Träger geistigen Lebens, ist selbst in seinen besten Stunden Gebrechlichkeit. Wenn unser Glück in den Schwingungen von Liebe und Gegenliebe besteht, so kann «der Mensch, vom Weibe geboren» [Job 14, 1], nicht unser wahres Glück sein. Denn wie kann er dem andern Halt sein, der selbst «nicht in seinem Stande beharrt?» [Job 14, 2].

Es gibt jedoch noch einen anderen Grund, weshalb Gott allein die Seligkeit unserer Seele sein kann, und auf diesen möchte ich vor allem hinweisen: Ihn zu betrachten, und dies allein, ist vollkommen imstande, unsern Geist zu erschließen und zu erquicken, unser Herz zu fesseln, anzuziehen und zu stillen. Geschaffenes können wir wohl mit großer Inbrunst lieben, aber wenn solche Liebe nicht mit der Liebe zum Schöpfer verbunden ist, so ist sie wie der Strom, der in ein enges Bett gezwängt ist, reißend, heftig, unruhig. Unser Herz ergießt sich dann gleichsam nur durch ein Tor, und es ist nicht Weitung des ganzen Menschen. Geschaffenes kann unser Herz nicht bis zur Tiefe erschließen, vermag nicht die tausend geistigen Sinne auszulösen, die uns eigen sind, und durch die wir in Wahrheit leben. Nur die Gegenwart unseres Schöpfers kann in uns eingehen; nichts sonst vermag das ganze Gemüt, die Seele mit allen Fasern ihres Denkens und Empfindens aus sich herauszuholen, daß sie sich hingibt. «Siehe», spricht der Herr, «ich stehe vor der Türe und klopfe; wenn jemand meine Stimme hört und mir auftut, will ich zu ihm einkehren und mit ihm Mahl halten, und er mit mir» (Geh Offb 3, 20).. «Gott ist größer als unser Herz und weiß alles» (1 Joh 3, 20).

Dieses Erleben eines vollen und vorbehaltlosen Vertrauens und Zueinanderseins beruhigt und schenkt Geborgenheit denen, welchen es zuteil wird. Wir wissen, daß auch unsere nächsten Freunde nur in gewissem Maße bei uns daheim sind und nur zu gewissen Zeiten Zwiesprache mit uns halten, und nur das Bewußtsein einer vollkommenen und bleibenden Gegenwart kann das Herz offenhalten. Nimm ihm den Halt, in dem es ruht, und es sinkt in seinen

Zustand von Verschlossenheit und Beklommen-
heit zurück, und in dem Maße, wie es auf flüchtige Zeiten oder auf begrenzte Neigungen be-
schränkt ist, ist es gedrückt und unglücklich.
Ist es nicht allzu kühn, so möchte ich sagen:
der Unendliche allein kann das Maß des menschlichen Herzens sein. Er allein kann diesem ge-
heimnisvollen Gewoge der Gefühle und Gedanken in unserem Innern ihre Beziehung geben. «Kein Geschöpf ist vor ihm verborgen,
sondern alles liegt bloß und offen vor seinem
Auge, dem wir Rechenschaft geben müssen»
(Hbr 4, 13).

Das ist gemeint, wenn wir vom Frieden eines
guten Gewissens sprechen. Es ist das stete Empfinden, daß unser Herz vor Gott offenliegt, und
ist der Wunsch, daß es ihm offenstehe. Es ist
das Vertrauen zu ihm, aus dem Gefühl, daß
nichts in uns ist, dessen wir uns schämen oder
weshalb wir erschrecken müßten. — Du könntest einwenden; kein Mensch auf Erden sei in
solchem Stande, denn wir haben alle gesündigt
und sündigen täglich. Das stimmt; wir können
gewiß nicht das alldurchdringende Auge Gottes
ertragen, wir können nicht gleichsam in unmit-
telbare Berührung mit seiner Gegenwart kommen, ohne daß etwas dazwischen wäre, ein
Mittel des wechselseitigen Zueinanders. Aber
einmal läßt jenes Vertrauen in verschiedenen
Menschen verschiedene Grade zu, wenn es auch
vollendet in keinem vorkommt; und dann hat
Gott, wie wir wissen, in seiner großen Barmherzigkeit uns geoffenbart, daß ein Mittler zwischen

ihm und der sündigen Seele ist.., und in dem Maße, wie jemand «in Christus ist», wie die Schrift sagt [Röm 6, 11 usf.], und er also Gott nicht Auge in Auge gegenübersteht, sondern «in Christus» und «durch ihn», kann er es wagen, sein Herz Gott auszubreiten und zu wünschen, es möchte ihm offenliegen..

Vielleicht war es ein ähnliches Gefühl, aus dem Hagar die Worte sprach: «Du, o Gott, siehst mich.» [Gen 16, 13]. Aus diesem Empfinden mag David die Worte gesprochen haben: «Prüfe mich, Herr, versuche mich, durchglühe mir Nieren und Herz» (Ps 25, 2).. Besonders haben diese Gedanken in den Schriften des hl. Paulus Ausdruck gefunden; ihm war es offenbar ein inniges Bedürfnis, sein Inneres Gott zu erschließen, es vor seinem allschauenden Auge auszubreiten und auf seine Einkehr bei sich zu harren, mit anderen Worten, in der beglückenden Erfahrung des guten Gewissens zu leben: «Ich bin mit vollkommen gutem Gewissen vor Gott gewandelt bis auf den heutigen Tag» (Apg 23, 1).. «Das ist unser Ruhm, das Zeugnis unseres Gewissens, daß wir in Einfalt des Herzens und Aufrichtigkeit vor Gott, nicht mit irdischer Weisheit, sondern in der Gnade Gottes hienieden gewandelt sind, ganz besonders bei euch» (2 Kor 1, 12).. Anscheinend ist der Gedanke des Apostels ein ähnlicher, wenn er vom «Zeugnis des Geistes» redet; er meint wohl damit die Genugtuung und innere Ruhe, welche die Seele in dem Maße erfährt, wie sie imstande ist, sich ganz Gott hinzugeben, und kein Verlangen, kein Ziel hat, als ihm zu gefallen.. Das ist jener überreiche Friede, den eben nur Gott zu schenken vermag. In dem Maße, wie wir uns von der Liebe zur Welt gelöst haben und dem Geschöpflichen abgestorben sind, in dem Maße, wie wir wiedergeboren sind aus dem Geiste für die Liebe unseres Schöpfers und Herrn, schließt diese Liebe, indem sie unser Herz erfüllt, ein besonderes Selbstbewußtsein ein: «Der Geist gibt unserem Geiste Zeugnis», sagt der Apostel, «daß wir Kinder Gottes sind» (Röm 8, 16)..

So besteht unser Glück in der inneren Anschauung Gottes; denn sie allein ist imstande, uns immer und überallhin zu begleiten, weil nur Gott uns immer und überall gegenwärtig sein kann.. Die Empfindung der Gegenwart Gottes ist aber nicht bloß der Grund für den Frieden eines guten Gewissens, sondern auch für den Frieden, der aus der Reue quillt. Auf den ersten Blick könnte es sonderbar scheinen, wieso die Reue etwas mit Trost und Freude zu tun habe. Aber das Evangelium verheißt uns, es werde alle Trauer in Freude verwandelt; es macht, daß wir in Untrost, Schwachheit und Erniedrigung froh werden. «Wir rühmen uns der Trübsal, weil die Liebe Gottes in unser Herz ausgegossen ist durch den Heiligen Geist, der uns gegeben ward» (Röm 5, 3ff.).. Gibt es einen Schmerz, der ungemischtes Elend scheint, und ist für Elend im Zeichen des Evangeliums noch Raum gelassen, so müßte es die erwachende Einsicht sein, daß wir die Gnade Gottes mißbraucht haben. Und gäbe es eine Zeit, in der die Gegenwart Gottes anscheinend unerträglich wäre, so müßte es der Augenblick sein, in dem uns das lebhafte Bewußtsein überkommt, daß wir uns undankbar gegen ihn aufgelehnt haben. Und doch ist echte Reue nur möglich im Gedanken an Gott: sie denkt an Gott, weil sie ihn sucht, und sie sucht ihn, weil sie von Liebe ergriffen ist. Auch der Schmerz hat eine Süße, wenn Liebe in ihm ist..

Ganz anders die Gewissensqual, oder was der Apostel «die Traurigkeit der Welt» nennt; sie «wirkt den Tod» [2 Kor 7, 10]. Statt zur Quelle des Lichtes zu kommen, zum «Gott alles Trostes» [2 Kor 1 ,13], verzehren sich die Gequälten in ihren eigenen Gedanken und haben keinen Vertrauten ihrer Schmerzen; sie entlasten sich niemand gegenüber. Gott *wollen* sie kein Bekenntnis ablegen, der Welt *können* sie's nicht: die will es nicht hören; sie kann Genossin, doch nicht Vertraute sein; sie kann uns nicht nahe kommen, uns nicht beistehen, nicht trösten. Das ist des Menschen Los, solange er der Welt lebt, es sei in Freuden oder in Schmerzen. Da sind wir in uns selbst eingesperrt und darum elend.. Wir müssen uns selbst entrinnen und zu etwas Höherem flüchten; und so sehr wir es anders wünschten und uns Götzen gewinnen möchten: nichts als die Gegenwart Gottes kann uns Geborgenheit geben. Alles andere ist entweder ein Spott oder nur ein Auskunftsmittel für eine Weile und in gewissem Maße.

Wie elend ist darum der Mensch, der nicht praktisch um diese große Wahrheit weiß! Jahr um Jahr wird er unglücklicher sein, um schließlich in ein Übermaß von Weh zu versinken, wenn er aus dieser Welt der Schatten in jenes Reich eintritt, wo alles *wirklich* ist.. Das Leben vergeht, Reichtum entflieht, Volksgunst ist launenhaft, die Sinne altern, die Welt ist Wandlung, die Freunde sterben — Einer allein ist beständig, Einer allein ist uns treu, Einer allein kann treu sein, Einer allein kann uns alles sein, Einer allein unsere Nöte stillen, Einer allein uns zu wahrer Entfaltung führen, Einer allein dieser verwirrenden Vielfalt unseres Wesens Sinn verleihen, Einer allein uns Einklang mit uns selber und Frieden geben, Einer allein uns formen und zu eigen haben.. Es ist nicht die Frage, ob er uns annehmen wird: ja, wir vertrauen, er wird uns ungeachtet unserer Sünden noch annehmen, einen jeden von uns, wenn wir in aufrichtiger Liebe und heiliger Furcht sein Antlitz suchen.

Laßt uns denn das Unsere tun, wie er das Seine getan hat und mehr. Laßt uns mit dem Psalmisten sprechen: «Was habe ich im Himmel außer Dir, und was suche ich auf Erden als Dich? Mein Fleisch und mein Herz sinkt hin — Du aber, Gott, bist der Gott meines Herzens, mein Anteil für ewig (Ps 72, 25f.).

PPS V. 22: 314/326; vgl. Dreves 461ff. (9. Juni 1839).

GOTT FÜHRT JEDEN

Als Hagar vor ihrer Herrin in die Wüste floh, hatte sie die geheimnisvolle Erscheinung eines Engels, der sie zurückkehren hieß. Zugleich aber mit diesem unausgesprochenen Verweis für ihre Verzagtheit sprach er zu ihr ein Wort der Verheißung, sie zu ermutigen und sie zu trösten. In dieser Mischung von Beschämung und Freude, die sie empfand, erkannte sie die Gegenwart ihres Schöpfers und Herrn, der sich den Seinen stets in diesem zweifachen Lichte kundgibt: einem strengen, weil er heilig ist, und einem milden, weil er voll überfließender Erbarmung ist. Darum rief sie zu ihm, der sich ihr kundgetan hatte: «Du, o Gott, siehst mich» (Gen 16, 3).

In dieser Lage waren die Menschen vor Christi Ankunft. Sie empfingen zwar bei seltenen Gelegenheiten einen Hinweis auf Gottes Vorsehung für den einzelnen, im großen ganzen aber wußten sie nur von seiner *allgemeinen* Vorsehung, wie sie sich im Laufe der Menschheitsgeschichte spiegelt. In dieser Hinsicht war auch das Alte Testament lückenhaft, obschon es eine Fülle von Zeugnissen für die Wahrheit enthält, daß Gott ein lebendiger, allsehender, allvergeltender ist. Es war lückenhaft im Vergleich zum Evangelium, sofern es noch nicht klar die tatsächliche Beziehung zwischen jeder Menschenseele und ihrem Schöpfer, ganz unabhängig von allem anderen in der Welt, bezeugt.. Im Neuen Bunde aber ist dieses besondere Augenmerk, mit dem Gott einem jeden von uns zugewandt ist, mit aller Deutlichkeit geoffenbart. Der Kirche Christi ist verheißen: «Alle deine Kinder werden vom Herrn belehrt sein, und groß wird die Freude für deine Kinder sein» (Is 54, 13).

Als der ewige Sohn in unserm Fleisch auf Erden erschien, sahen die Menschen ihren unsichtbaren Herrn und Richter; er offenbarte sich nicht mehr bloß im Walten der Naturkräfte oder in dem verschlungenen Lauf der Geschichte der Menschheit, sondern er offenbarte sich wie einer von uns: «Gott, der aus der Finsternis Licht aufgehen ließ, hat auch unsere Herzen erleuchtet, daß uns das Licht der Erkenntnis Gottes im Antlitz Jesu Christi leuchte» (2 Kor 4, 6), also in sichtbarer Gestalt eines persönlichen Einzelwesens.. Es war in gewissem Sinne eine Begegnung von Angesicht zu Angesicht..

Doch fällt es uns trotz der evangelischen Offenbarung schwer, den Gedanken der persönlichen Führung Gottes zu fassen. Wenn wir uns dem Strom der Welt überlassen und — gleich andern Menschen im allgemeinen — unsere religiösen Begriffe aus diesen und jenen Eindrücken zusammenlesen, so kommen wir nur zu einem geringen und unwirklichen Verständnis der besonderen Vorsehung. Wir verstehen, daß Gott nach einem großen Weltplan wirkt, aber nur schwer geht uns die wunderbare Wahrheit auf, daß er jeden einzelnen sieht und an jeden einzelnen denkt.., daß er «unser Gehen und unser Ruhen zugemessen hat und alle unsere Wege erspäht» (Ps 139, 2). Nicht leicht vermögen wir uns die gewaltige Wirklichkeit zu vergegenwärtigen, daß er in diesem Augenblick alles sieht, was sich bei uns ereignet, und daß nach seinem stillen und unsichtbaren Ratschluß der eine fällt, der andere aufsteigt. Wohl nehmen wir teil an den Gebeten der Kirche, an den Fürbitten für die Stände, für die geistlichen und weltlichen Obrigkeiten und so auch für die einzelnen Kranken in der Pfarrgemeinde; desungeachtet sind wir von der Wahrheit des göttlichen Allwissens kaum so lebendig durchdrungen, daß sie uns innerlich gegenwärtig ist. Wir wissen, daß er im Himmel ist, und wir vergessen, daß er auch auf Erden ist. Daher kommt es, daß die Großzahl der Menschen so oberflächlich hinlebt.., und wir sündigen, weil wir vergessen und nicht wirklich erfaßt haben, daß wir in Gottes Gegenwart sind, oder mit anderen Worten, weil wir nicht innerlich glauben, daß er uns sieht und hört und alles behält, was wir tun.

Das gilt auch von denen, die in eine Prüfung geraten. Die Welt läßt sie im Stich, und sie verzweifeln, weil sie nicht innerlich durchdrungen sind von der liebreichen Gegenwart Gottes. Sie finden keinen Trost in einer Wahrheit, die für sie nur ein frommer Gedanke, aber nicht etwas Wesenhaftes, Wirkliches ist. Darum rief Hagar, als ihr der Engel in der Wüste erschien, zum Herrn: «Du, o Gott, siehst mich»: Auf einmal überkam sie wie etwas Neues die Wahrheit, daß inmitten ihrer Prüfung und ihres Jammers das Auge Gottes auf ihr ruhte. Geradeso ist es heute mit uns. Man spricht wohl im allgemeinen von Gottes Güte, seinem Wohlwollen, seinem Mitleid, seiner Langmut; aber man stellt sich dies vor wie eine Atmosphäre, welche die

Welt umhüllt, oder wie sich das Sonnenlicht über das Ganze legt — nicht wie eine sich stets wiederholende Tätigkeit eines wissenden, lebendigen Geistes, der sich bewußt ist, wem er sich kundgibt, und mit seinem Wirken auf etwas hinzielt. Darum wissen die Menschen, wenn sie in Trübsal geraten, nichts anderes zu sagen als: «Alles ist zum Guten, Gott ist gut» und dergleichen mehr, und davon fällt nur ein frostiger Trost auf ihre Seele, der ihre Leiden nicht mindert. Der Gedanke an den barmherzigen Gott, der jeden persönlich sieht, ist ihnen nicht eine innere Empfindung geworden, und sie können nur an eine *allgemeine* Vorsehung denken, die nach einem universalen Gesetze waltet. Vielleicht bricht dann einmal die wahre Erkenntnis in ihr Erleben ein, wie es bei Hagar war; irgendein Zeichen der persönlichen Nähe Gottes in ihren Trübsalen berührt ihr Herz und bringt ihnen zum Bewußtsein wie nie zuvor, daß Gott sie sieht. Dann sind sie überrascht wie von etwas völlig Neuem — und vielleicht geraten sie jetzt in das andere Extrem, und in demselben Maße, wie sie bisher seelisch abgestumpft waren, sind sie nun von der Einbildung angefochten, sie seien mehr als andere Menschen, sie gehörten zu den besonderen Lieblingen Gottes.. Wären sie mit dem Worte Gottes vertrauter, so wüßten sie: nach der Heiligen Schrift haben alle und jeder einzelne an der persönlichen Liebe Gottes teil.

Für solche, die mit der Heiligen Schrift vertraut sind, wird man kaum lange beweisen müssen, daß die Güte unseres Herrn durch eine zarte Aufmerksamkeit bezeichnet ist. Es ist dies eine Eigenschaft, welche der Herzlichkeit unter Menschen ihre Vollendung gibt. Bei der gewaltigen Größe und dem verwickelten Aufbau des Weltalls, in welchem der Schöpfer für uns unsichtbar ist, fällt es unserer Vorstellungskraft nicht leicht, der Gottheit etwas derartiges zuzuschreiben, auch wenn unsere Vernunft davon überzeugt ist und wir dementsprechend glauben möchten. Seine Vorsehung bekundet sich in allgemeinen Gesetzen, sie bewegt sich auf den Linien der Wahrheit und Gerechtigkeit, sie kennt kein Ansehen der Person, sie vergilt den Guten wie den Bösen nicht als bestimmten Einzelnen, sondern um ihrer Eigenschaften willen. Wie sollte der Allheilige diesem oder jenem um seiner selbst willen seine Liebe zuwenden, jeden für sich ins Auge fassen, ohne daß es auf Kosten seiner eigenen Vollkommenheiten ginge? Und wäre das höchste Wesen auch ein Gott des reinsten Wohlwollens, wie könnte der Gedanke an ihn jene bezwingende Macht auf unser Gemüt ausüben, welche die Herzlichkeit eines Freundes für uns hat?.. Aber wie wunderbar und verehrungswürdig ist die Herablassung, mit der er sich zu unserer Armut neigt! Er kommt uns entgegen und hilft uns auf dieselbe Weise, wie er uns erlöst hat: Damit wir verstünden, daß er trotz seiner unendlichen Erhabenheit ein besonderes Wissen und eine besondere Teilnahme für jeden einzelnen übrig hat, ist er in unsere Menschennatur eingegangen und hat unsere Denk- und Empfindungsweise angenommen.

Von dieser wissen wir alle, daß sie solcher persönlichen Zuneigung fähig ist. Indem er selber Mensch wurde, hat er die Bedenklichkeiten und Einwendungen unserer Vernunft mit einemmal abgeschnitten, als wollte er unseren Schwierigkeiten Rechnung tragen und sie dadurch überwinden, daß er sich selbst auf unsern Standpunkt stellte.

Die gewinnendste Eigentümlichkeit in der erbarmungsvollen Liebe unseres Heilands ist die, daß sie sich sozusagen von Zeit und Ort und persönlichen Umständen des einzelnen abhängig macht; mit anderen Worten, es ist ihre liebenswürdige Anpassung. Sie versteht jeden einzelnen jeweils so und nimmt sich seiner gerade auf die Weise an, die ihm persönlich entspricht.. Wir können dies an seinem Umgang mit Lazarus und dessen Schwestern sehen oder an seinem Verhalten gegenüber Petrus vor und nach der Verleugnung oder gegenüber dem Zweifler Thomas oder an seiner Liebe zu seiner Mutter und zu Johannes. Besonders denkwürdig aber ist sein Verhalten gegenüber Judas, dem Verräter. Man spricht davon weniger, und es ließe sich auch denken, wenn es je ein Wesen auf der ganzen Welt gab, das verdient hätte, als hassenswert und verworfen aus seinen Augen verbannt zu werden, so müßte es der gewesen sein, von dem er vorauswußte, daß er ihn verraten werde. Und dennoch erkennen wir, daß sein Blick in mildem Ernst auf diesem Armen ruhte und ihm bis zur Stunde folgte, da er ihn tatsächlich verriet.. Der Eindruck vertieft sich noch, wenn wir das Verhalten des Herrn gegen Fremde bedenken, die zu ihm kamen. So heißt es über die Begegnung mit dem reichen Jüngling: «Jesus sah ihn und gewann ihn lieb und sprach zu ihm: ‚Eines fehlt dir noch'» (Mk 10, 21). Als die Pharisäer ein Zeichen von ihm forderten, «seufzte er auf im Geiste» (Mk 8, 12).; ein andermal «sah er sie zürnend an, betrübt über die Blindheit ihres Herzens» (Mk 3, 5); und wenn ein Aussätziger zu ihm kam, heilte er ihn nicht einfachhin, sondern «von Mitleid gerührt», «streckte er seine Hand aus..» (Mt 8, 3; 14, 14; Lk 5, 12).

Wie liebreich zeigt sich die besondere Vorsehung Gottes an den Menschen, die ihn suchen, wie liebreich an jenen, die verstanden haben, daß diese Welt nur Eitelkeit ist, und die sich einsam und verlassen fühlen, obschon sie vielleicht vom vergänglichen Schein des Glückes und Wohlergehens umgeben sind!.. Tiefer empfindende Menschen würden von Mutlosigkeit erfaßt und selbst des Lebens überdrüssig werden, müßten sie sich sagen, sie unterständen lediglich dem Walten starrer Gesetze und hätten keinerlei Möglichkeit, einen Blick von jenem zu erhalten, der diese Gesetze gab. Was sollten vor allem solche denken, die mit Menschen zusammenleben müssen, die ihr Inneres nicht verstehen können und ihnen im Tiefsten fremd sind, obschon sie vielleicht durch langen Umgang einander nahe sind — oder solche, die in innere Schwierigkeiten geraten sind, die sie sich selbst nicht erklären, geschweige denn lösen können, und die niemand haben, der ihnen helfen könnte — oder jene, die eine Sehnsucht oder einen Lebenswunsch als verborgenes Leid in sich tragen, weil nichts da ist, das ihnen Erfüllung geben könnte — oder die sich von ihrer Umgebung nicht verstanden fühlen und mit keinem Wort sich erklären können und keine gemeinsame Lebensanschauung als Basis finden — oder die keine Aufgabe für sich erkennen und keinen Sinn ihres Daseins finden können und anderen im Wege zu stehen glauben — oder die einem Pflichtgefühl in ihrem Innern, ohne Beratung und Stütze, ja vielleicht gegen die Wünsche und Ratschläge ihrer Vorgesetzten oder ihrer Familie folgen müssen — oder die den Druck eines peinvollen Geheimnisses oder eines einsamen Kummers tragen müssen, von dem sie mit niemand sprechen können —: für alle diese menschlichen Erfahrungen haben wir in den Geschichten und Beispielen der Bibel eine Tröstung für unsere Not. Sie spricht uns nicht von einem Schöpfer, der in unberührbarer Höhe thront, zu hoch, um uns Halt zu bieten, sondern von einem, der uns teilnehmend behütet und eines jeden Richter und Helfer in seinen persönlichen Nöten ist.

Gott sieht dich als Einzelwesen, in der Lage, in der du gerade bist. Er «ruft dich bei deinem Namen» [Is 43, 1]. Er sieht dich, und er versteht dich, denn er ist dein Schöpfer. Er weiß, was in dir vorgeht; er weiß von all deinem persönlichen Fühlen und Denken, deinen Anlagen und Neigungen, deiner Kraft und deiner Schwäche.

Er sieht dich in den Tagen der Freude und in den Tagen der Trübsal; er nimmt teil an deinen Hoffnungen und deinen Versuchungen; er ist Mitwisser um deine Ängste und Erinnerungen, um das Auf und Nieder deiner Stimmungen; er hat die Haare deines Hauptes und die Ellen deiner Körperlänge gezählt; er umschließt dich rings und trägt dich in seinen Armen; er hebt dich auf und setzt dich nieder; er beobachtet dein Antlitz, ob es lächelt oder weint, ob es gesund oder krank erscheint; er hört das Pochen deines Herzens und den Atem deiner Brust. Du liebst dich selber nicht mehr, als er dich liebt; du kannst nicht erschreckter vor einer Prüfung erbeben, als er teilnehmend sie mit dir tragen will; und er legt sie dir mit einer solchen Rücksicht auf, wie nur du selbst es um eines größeren Gutes willen tätest, wenn du weise wärest. Du bist nicht nur sein Geschöpf – obschon er auch für die kleinen Sperlinge sorgt und sich des Viehs von Ninive erbarmt [Mt 10,29; Joh 3,7ff.] –, du bist ein Mensch, erlöst und geheiligt, sein angenommenes Kind, und hast gesegneten Anteil an jener Herrlichkeit und Seligkeit, die er von ewig in Fülle seinem eingeborenen Sohn geschenkt. Du bist erwählt, sein eigen zu sein, und wie sehr bevorzugt vor vielen deinesgleichen auf der weiten Welt! Du bist einer von denen, die Christus in sein Gebet einschloß und die er mit seinem kostbaren Blut bezeichnete.

Welch ein Gedanke, beinahe zu groß für unseren Glauben! Kaum können wir uns zurückhalten, wenn wir all dies bedenken, Saras Rolle zu spielen und glücklich zu lachen vor Staunen und Verlegenheit [vgl. Gen 18, 21]. Was ist der Mensch, was sind wir, und was bin ich, daß der Sohn Gottes an mich denkt?.. Was bin ich, daß der göttliche Geist in meiner Seele zu Gast sein will, um meine Gedanken himmelwärts zu richten und «mit unaussprechlichen Seufzern in mir zu rufen?» [Röm 8, 26].

Solche Gedanken sind geeignet, das Herz des Christen mit Trost zu erfüllen, wenn er mit seinem Meister den heiligen Berg hinansteigt; und wenn er dann zu seinen täglichen Pflichten wiederkehrt, sind solche Gedanken seine innere Stärkung.. Sie machen das Angesicht hell; sie machen uns froh, gesammelt, heiter; sie sind eine Kraft inmitten der Anfechtungen, Verfolgungen, Entbehrungen. Sind solche Gedanken in unserer Seele lebendig, wie armselig und niedrig muß dann die Welt mit all ihren Zielen und weisen Lehren erscheinen! Wie erbärmlich müssen wir uns vorkommen, ein tieferes Glück in geschöpflichen Werten zu suchen, nach Stellung, Reichtum, Namen zu begehren, in unseren Träumen uns diese oder jene Lebenshöhe zu wünschen, Art und Gehaben der Großen nachzuahmen, die Zeit mit Tändeleien zu vergeuden, mißvergnügt, mürrisch, eifersüchtig, neidisch, empfindlich, tadelsüchtig zu sein, unnützen Redereien und Tagessensationen nachzugehen, uns über öffentliche Dinge zu erregen, die uns nichts angehen, uns für diese oder jene Belange und Parteiinteressen zu erhitzen, dem Gewinn nachzurennen und mit Inbrunst ein totes Wissen aufzuhäufen! Was wird uns zuletzt am Ende unserer Tage trösten, wenn unser Fleisch und Herz dahinwelkt?.. Wird er uns dann als die Seinen erkennen, er, dessen Auge immer so liebevoll, dessen Hand immer so gütig auf uns ruhte?

PPS III. 9: 114/27; vgl. Dreves 261 ff. (5. April 1835).

GOTTES FÜHRUNG
IM RÜCKBLICK AUF UNSER LEBEN

Die Apostel verstanden anscheinend erst nach der Auferstehung und besonders nach der Himmelfahrt des Herrn, als der Heilige Geist über sie gekommen war, *wen* sie in all den Jahren bei sich gehabt hatten. Als alles vorüber war, ging ihnen das Verständnis auf, nicht während sie es erlebten. Daraus können wir, wie mir scheint, eine Art allgemeine Regel entnehmen, die uns immer wieder in der Heiligen Schrift wie im menschlichen Leben vor Augen tritt: Wir erkennen Gottes Gegenwart nicht, wenn sie uns zuteil wird, sondern später, wenn wir auf das Geschehene zurückblicken und es hinter uns liegt.

Gerade die Geschichte unseres Herrn gibt uns die Anhaltspunkte für die Gültigkeit dieses merkwürdigen Gesetzes. Zur Stunde z. B., da Philippus die Bitte stellte, der Herr möchte ihnen den Vater zeigen, begriff er offenbar wenig von dem Vorrecht, das er schon solange genossen, und dementsprechend erwiderte ihm der Herr: «Solange bin ich bei euch gewesen, Philippus, und du hast mich nicht erkannt?» (Joh 14, 9). Bei einer anderen Gelegenheit sprach er zu Petrus: «Was ich tue, verstehst du jetzt noch nicht, aber später wirst du es verstehen» (Joh 13, 7). Und wieder: «Die Jünger verstanden zunächst dies alles nicht, aber als Jesus verherrlicht war, kam es ihnen zum Bewußtsein, daß dies von ihm geschrieben stand, und daß sie dabei mitgewirkt hatten» (Joh 12, 16). Ähnlich war es, als er mit den zwei Jüngern nach Emmaus ging: während er mit ihnen redete, «waren ihre Augen gehalten, und sie erkannten ihn nicht»; aber sobald sie ihn erkannten, verschwand er mit einem Male vor ihren Augen, und sie sprachen zueinander: «Brannte nicht unser Herz, während er unterwegs mit uns redete?» (Lk 24, 16. 32).

So verhält es sich auch mit manchen Begebenheiten im Alten Testament. Als Jakob vor seinem Bruder Esau floh, «kam er an einen Ort, und da die Sonne schon untergegangen war, ruhte er da die Nacht hindurch.» Im Schlafe ward ihm das Gesicht von Engeln, und über ihnen sah er den Herrn. «Und als er vom Schlafe erwachte, sprach er: ‚Wahrlich, der Herr ist an diesem Ort, und ich wußte es nicht!‘ Und erschauernd fuhr er fort: ‚Wie wunderbar ist der Ort: nichts weniger als das Haus Gottes und die Pforte des Himmels ist hier!‘» (Gen 28, 11 ff.)..

Das ist in der Heiligen Schrift die Regel: Gott sendet seinen Segen still und geheimnisvoll. Zur Stunde werden sich die Menschen dessen nicht bewußt, es sei denn im Glauben; erst später erkennen sie, was ihnen zuteil wurde. Im Evangelium wird dies, wie gesagt, an zwei besonders auffallenden Beispielen deutlich: an der Sendung des Herrn, sofern die Jünger ihn erst nachträglich als den Sohn des Allerhöchsten erkannten, und an der Sendung des Heiligen Geistes, die noch mehr des himmlischen Segens voll und noch geheimnisreicher war. «Fleisch und Blut» konnten den Gottessohn nicht erkennen [Mt 16, 17], selbst wenn er augenscheinliche Wunder wirkte; und noch weniger erfaßt der natürliche Mensch das Geheimnis des göttlichen Geistes — und doch werden diejenigen in der kommenden Welt unglücklich sein, die nicht glaubten, was sie nie mit den Augen gesehen hatten. Die Gegenwart Gottes erinnert an die Art, wie er Moses im Lichtglanz erschien: «Du kannst mein Antlitz nicht schauen und leben», ward ihm gesagt; als aber der Herr vorübergegangen war, sah Moses seinen Lichtglanz von rückwärts, den er von vorne oder in seinem Vorübergehen nicht hatte sehen können. «Und er sah und erkannte ihn, und eiligst beugte er sein Haupt zur Erde und betete an» (Ex 33, 20; 34, 8)

Nun laßt uns erwägen, wie sehr dies zusammenstimmt mit den Fügungen Gottes in unserem täglichen Leben. Frohe und betrübliche Ereignisse begegnen uns. Im Augenblick verstehen wir nicht, was sie bedeuten; wir erkennen nicht Gottes Hand in ihnen. Freilich, sind wir gläubige Menschen, so nehmen wir alles, wie es kommt, als von ihm gegeben an; aber ob wir es nun im Glauben verstehen oder nicht, sicherlich gibt es keine andere Weise, es anzunehmen. Wir sehen nichts. Wir sehen nicht, woher die Dinge kommen, und was ihr Sinn ist. Jakob rief einmal: «Alles ist gegen mich verschworen!» (Gen 42, 36). So schien es allerdings; einer seiner Söhne war von den andern beseitigt, ein zweiter war in fremdem Lande gefangen, einen dritten sollte er ausliefern.., und doch war dies alles zum Guten für ihn. Sieh nur die Geschicke jenes Jüngsten, der ihm zuerst genommen war: er war von seinen Brüdern an Fremde verkauft, nach Ägypten verschleppt, gefährlichen Versuchungen ausgesetzt — er überwand sie, ohne dafür Lohn zu haben, vielmehr ward er ins Gefängnis geworfen. Eiserne Fesseln umschnürten seine Seele; er wartete, bis Gott sich gnädig erzeige und «vom Himmel niederschaue». Warum wartete er? Und wie lange? Wieder und wieder heißt es von ihm: «Der Herr war mit Joseph» — aber meint ihr, er hätte damals ein Zeichen von Gott erhalten, ein Zeichen, das er anders als im Glauben hätte erfahren und anders als im Glauben hätte sehen können? Sein Glaube war sein Lohn — in den Augen der Vernunft war das überhaupt kein Lohn.. Erst später erkannte er, was ihm damals so dunkel vorkam. «Gott sandte mich vor euch hierher», sprach er zu seinen Brüdern, «da-

mit ich euch am Leben erhalte» [Gen 45, 5]..
Wunderbar sind Gottes Führungen — wie lautlos, und doch wie wirksam! Wie langsam ent-
wickeln sie sich, und doch wie sicher!

So sind auch wir bei so manchen Vorkomm-
nissen, nicht nur besonders auffallenden, besonders schmerzlichen oder besonders frohen, sondern auch bei ganz gewöhnlichen erst hinten-
drein imstande, ihn zu erkennen, der bei uns
war, und fühlen uns angetrieben, ihn zu verehren. Da und dort wird jemand, der im ganzen
genommen Zuversicht hegen kann, daß sein
Bemühen von Gott gut aufgenommen sei, beim
Rückblick auf sein vergangenes Leben erkennen, wie entscheidend gewisse Momente und
Handlungen waren, die ihm seinerzeit völlig
gleichgültig schienen. Er war z. B. in seiner Jugend auf eine Schule geschickt und begegnete
im folgenden diesen und jenen Menschen, die
einen segensreichen Einfluß auf ihn gewannen.
Scheinbare Zufälle führen zur Entscheidung
über seinen Beruf und seine Entwicklung.
Gottes Hand ist allzeit über den Seinen; er führt
sie vorwärts auf einem Wege, den sie nicht verstehen — das einzige, was sie tun können, ist
glauben, was sie jetzt nicht sehen können, aber
was sie später sehen werden — und als gläubige
Menschen sich Gottes Führung hingeben.

Daher wird es wohl auch kommen, daß die
Jahre, die zurückliegen, nun, da wir auf sie zurückschauen, sozusagen einen köstlichen Duft
aushauchen. Damals enthielten sie wenig, um
sich an ihnen zu freuen, oder vielleicht besser:

damals ahnten wir nicht das Schöne, das wir genießen durften, während wir es doch genossen. Wir genossen die Gegenwart Gottes, aber wir wußten es nicht; es kam uns nicht zum Bewußtsein, was wir hatten; wir wurden es nicht inne und dachten nicht nach über das Schöne, das wir empfingen. Nachher, da es vorüber war, dachten wir nach. Daher die milde Süße, mit der sich längst vergangene Tage in unserer Erinnerung einstellen und uns ergreifen. Die gewöhnlichsten Jahre, in denen wir fast den Eindruck hatten, es seien unnütze Jahre gewesen, gewinnen nun ihre Bedeutung, gerade durch ihren gleichmäßigen, ruhigen Lauf. Was damals eintönig schien, ist nun Stetigkeit; was uns öde vorkam, empfinden wir nun als wohltätigen Frieden; das anscheinend Unnütze offenbart nun seinen inneren Wert; das Einerlei dünkt uns Fülle des Seins: nun ist alles anziehend, köstlich, und wir blicken gerührt darauf zurück. Ja selbst über trübe Zeiten (so merkwürdig es auf den ersten Blick erscheint) ist später ein freundliches Licht gebreitet. Wie könnte es anders sein? Ist doch der Herr den Seinen niemals näher als dann, wenn er sie der Trübsal und Einsamkeit zu überlassen scheint. Zur Stunde, da das Kreuz des Herrn in unser Herz gesenkt wird, ist es scharf und schmerzt; jedoch der Baum des Segens streckt sich nach oben und treibt seine frischen Zweige und guten Früchte. Und schließlich ist es ein Anblick zur Freude.

Gilt dies von unseren trüben wie von gewöhnlichen Zeiten, wieviel mehr gilt es von

unseren religiös beseelteren! Daher die Empfindung, mit der wir manchmal auf unsere Kin-
derjahre zurückschauen, wenn irgendein Zufall
sie uns in Erinnerung ruft. Ein Gedenkzeichen,
ein Überbleibsel unserer ersten Jahre, eine
Landschaft, ein Buch, ein Wort oder Duft oder
Ton versetzt uns im Geist zurück in die ersten
Schuljahre, und nun erkennen wir, was wir damals nicht erkennen konnten: Gott war bei uns,
und wir waren in ihm geborgen. Vielleicht sind
wir auch jetzt noch nicht imstande zu erkennen,
was eigentlich jene Zeit so sonnig und heiter
machte.. Wir meinen, es seien die Jahre selbst,
nach denen wir Heimweh haben. In Wirklichkeit ist es die Nähe Gottes, die uns umhüllte —
nun erkennen wir es, und es zieht uns an. Wir
möchten nicht wieder Kinder werden, aber wir
möchten gewissermaßen wie Engel sein: Gott
schauen, mit unverwelklichem Kranz auf unserer Stirn, in weißem Kleide, mit Palmzweigen
in den Händen vor seinem Angesicht leben.

Ziehen wir die Lehre aus allem, was jeder
Tag und jede Stunde, indem sie dahineilen, uns
sagen können. Dasjenige, was uns im Augenblick, wo es sich zuträgt, düster scheint, enthält für uns später, wenn es vorüber ist, einen
Schimmer von jenem Licht, das von der «Sonne
der Gerechtigkeit» herrührt.. Laßt uns für die
Zukunft daraus lernen: laßt uns glauben an das,
was wir nicht sehen können! Die Welt geht für
den Augenschein ihren gewohnten Gang; in der
menschlichen Gesellschaft ist nichts Himmlisches, in den Tagesneuigkeiten nichts Himm-

lisches, in der großen Menge, an den Mächtigen der Welt, den Reichen, den geschäftig Hinjagenden — nichts Himmlisches; in den Reden der Beredsamen, in den Taten der Großen, in den Ratschlägen der Weisen, in den Entschließungen der Herrschenden, in dem Prunk der Prächtigen — nichts Himmlisches. Und doch ist Gottes Geist da — gepriesen sei er! Und da ist der ewige Sohn, tausendmal herrlicher und mächtiger als damals, da er in unserem Fleische auf Erden unter uns wandelte.

Laßt uns diese göttliche Wahrheit allzeit in unserem Geiste hegen! Je verborgener Gottes Hand, um so stärker ist sie; je stärker desto schweigsamer, je schweigsamer, desto anbetungswürdiger. Wir stehen unter seiner Führung.. Laßt uns ihn um seine Gnade bitten, daß wir befähigt werden, in das Geheimnis seiner Liebe einzudringen, an der wir bevorzugten Anteil haben; daß wir genießen, was wir besitzen; daß wir im Glauben es nutzen und fortschreiten, im Wissen um das Geschenk seiner Gnadengaben als «Glieder Christi», «Kinder Gottes und Miterben des Himmelreichs» [Eph 5, 30; Röm 8, 17].

PPS IV. 17: 256/66; vgl. Dreves 273 ff. (7. Mai 1837).

DAS KREUZ
IM MENSCHLICHEN LEBEN

Sehr viele Menschen leben und sterben, ohne überhaupt über die Lage nachgedacht zu haben, in der wir uns befinden. Sie nehmen die Dinge, wie sie kommen, und folgen ihren Neigungen, soweit sie dazu Gelegenheit haben. Sie lassen sich einzig von Lust und Unlust, nicht durch Vernunft, durch Grundsätze oder durch das Gewissen leiten. Sie versuchen nicht, sich nach dem Sinn dieser Welt zu fragen, sich über die Bedeutung des Lebens klar zu werden und die Erscheinungen, von denen sie durch die Sinne wissen, zu einer Gesamtanschauung zu vereinigen. Wenn andere Menschen durch ihre besinnliche Anlage oder aus geistiger Rührigkeit sich über die Welt, in die wir hineingeboren wurden, ein Bild zu machen streben, so halten sie das von vornherein für ein sinnloses und unlösbares Unterfangen, ein Rätsel, das sich nicht lösen lasse. Woher und wofür wir da seien, wie es zum jetzigen Zustand gekommen sei, wie wir hineingeraten und wofür wir bestimmt seien: das alles sei ein ewiges Geheimnis.

In diesen Schwierigkeiten haben sich die einen diese, die anderen jene praktische Lebensweisheit zurechtgelegt.. Tausend Dinge begegnen uns nacheinander im Laufe des Lebens — was sollen wir von ihnen denken, welche Farbe ihnen geben? Sollen wir alles von der heiteren, frohen Seite oder von der traurigen nehmen? Sollen wir Hoffnung hegen oder verzweifeln, sollen wir das Leben im ganzen leicht nehmen oder ihm einen ernsten Sinn beilegen? Sollen wir Großes für geringfügig oder Kleines für wichtig wegen seiner Auswirkungen ansehen? Sollen wir Vergangenes im Gedächtnis bewahren oder den Blick in die Zukunft richten oder einfach nur der Gegenwart leben — wie sollen wir die Dinge im ganzen betrachten? Das ist die Frage, die alle sich stellen, und auf die sie recht verschiedene Antwort geben..

Was ist für alldas der Schlüssel, den uns die *christliche* Welterklärung bietet? Welchen Maßstab gibt uns die Offenbarung, an ihm die Welt zu messen und das Leben zu bewerten? Die Antwort gibt uns der Kreuzestod des Sohnes Gottes.

Der Tod des ewigen Wortes Gottes, das Fleisch geworden, gibt uns die große Lehre, wie wir von der Welt denken und von ihr reden sollen. Das Kreuz gibt allem und jedem, was wir erfahren, seine richtige Bedeutung: allen Glücksgütern, allen zeitlichen Vorteilen, allen Ehren und Würden, allen Freuden, «der Lust des Fleisches, der Lust der Augen, der Hoffart des Lebens» [1 Joh 2, 16]. Es zeigt auch den Preis für die leidenschaftlichen Kämpfe, Rivalitäten, Hoffnungen und Befürchtungen, Wünsche, Bestrebungen und Siege sterblicher Menschen. Es bietet eine verständliche Sinngebung für die verschiedenen Wechselfälle, Prüfungen, Anfechtungen und Leiden der irdischen Pilgerschaft. Es bringt in Zusammenklang und Einklang, was widerspruchsvoll und ohne Sinn zu sein scheint. Es lehrt uns, wie wir leben und diese Welt gebrauchen sollen, was wir zu erwarten, zu ersehnen und zu erhoffen haben. Es ist der Klang, in den sich schließlich das Tongewirr der Welt auflöst.

Blicke um dich und sieh, was dir die Welt an Hohem und Niederem zeigt! Gehe an die Höfe der Großen, wo die Schätze und Kunstwerte der Völker zusammengetragen werden, einem Menschen zu Ehren; beobachte, wie sich die vielen vor den wenigen neigen; siehe die Förmlichkeiten und Zeremonien, den Aufwand und Prunk, den eitlen Glanz des Gefolges — willst du wissen, was all das wert ist: sieh auf das Kreuz des Herrn!

Und sieh dich weiter um in der politischen Welt: eine Nation in ihrer Eifersucht auf die andere, Geschäftsinteressen gegen Geschäftsinteressen, Armeen und Flotten gegeneinander aufgerüstet — überblicke die verschiedenen Schichten der Gesellschaft, die Parteien und ihre Ziele, den rastlosen Kampf der Streber, die Ränke der Schlauen — was ist das Ende all dieser Unrast? Das Grab. Und was ist der Maßstab? Das Kreuz.

Gehe weiter zur Welt des Geistes und der Wissenschaft: betrachte die staunenswerten Entdeckungen, die dem menschlichen Geist gelingen; die mannigfachen Verwertungen, in denen sie nutzbar werden; die schier wunderbare Macht, die sich darin entfaltet; daneben den Stolz, das Vernunftvertrauen, die mitreißende Konzentration der Geister auf das Vergängliche, die sich daraus ergibt — willst du ein rechtes Urteil von all dem gewinnen? Sieh auf das Kreuz!

Und blicke auch auf das Elend der Massen: auf ihre Armut und Hilflosigkeit, ihre unterdrückte, geknechtete Lage; gehe an die Stätten, wo man sich kümmerlich nährt und ungesund wohnt; sieh den Jammer, die Schmerzen, die schleichenden oder jähen Krankheiten — willst du wissen, was du von alldem denken sollst? Sieh auf das Kreuz!

So begegnen sich alle Dinge beim Kreuz — vor ihm, der am Kreuze hing. Alles hat eine innere Beziehung zu ihm, und alles hat ihn nötig. Es ist die Mitte und die Erklärung von allem, und er ward am Kreuze erhöht, um «alles», Menschen und Dinge, «an sich zu ziehen» [Joh 12, 32]. —

Vielleicht wird man sagen, die Auffassung, die uns das Kreuz des Herrn vom menschlichen Leben und von der Welt vermittelt, sei nicht dieselbe, auf die wir von selber kämen; sie biete sich nicht als etwas Selbstverständliches dar, und wenn wir die Dinge nähmen, wie sie sich obenhin zeigten, erschienen sie freundlicher, sonniger, als wenn wir sie vom Gesichtspunkt der kirchlichen Fastenzeit betrachten. Die Welt scheint manchen wie gemacht, um Wesen, wie wir es sind, zu erfreuen. Und wir leben doch in der Welt! Der Mensch hat die Fähigkeit, sich zu freuen, und die Welt gibt ihm hierzu die Möglichkeit. — Wie natürlich ist diese Ansicht, welch einfache und gefällige Lebensweisheit — jedoch, wie verschieden von der des Kreuzes! Die Lehre vom Kreuze spaltet sozusagen ein Ganzes in zwei Teile, die doch zueinander gehören; sie trennt die Frucht vom Genießenden, die Freude von den zur Freude Bestimmten. Wie kann es die Schwierigkeit lösen, da es vielmehr eine Schwierigkeit schafft?

Darauf erwidere ich fürs erste: So überzeugend der Einwand auch scheint, er ist gewiß nur die bloße Wiederholung dessen, was Eva im Paradies empfand und was ihr der Satan einflüsterte. Denn sah nicht das Weib, daß die verbotene Frucht «gut zu essen» war — eine Frucht, die «Verlangen erregte»? Kann es gar so unfaßlich scheinen, daß auch wir, die Kinder unserer Stammeltern, in einer Welt leben, in der es eine verwehrte Frucht gibt? — daß unsere Prüfung darin liegt, jene Frucht in Reichweite zu haben, unser Glück aber darin, ihr zu entsagen? Die Welt scheint auf den ersten Blick zur Freude geschaffen, und das Bild des Kreuzes Christi ist ein gar ernster und traurig stimmender Anblick, der dem lieblichen Schein widerspricht — mag dem so sein —, aber wenn trotzdem Beherrschung im Paradies geboten war, warum sollte es für *uns* nicht ebenso gelten?

Aber weiter: es ist nur ein *oberflächlicher* Eindruck der Welt, der uns glauben macht, das Leben sei zur Lust und zur Glückseligkeit da. Wer tiefer blickt, dem redet sie eine andere Sprache. Die Lehre vom Kreuz sagt uns doch schließlich, nur unvergleichlich eindringlicher, dasselbe, was auch die Welterfahrung dem Menschen sagt, der lange in ihr gelebt und hinreichend viel erfahren hat, um sie zu kennen. Die Welt ist süß für die Lippen, aber bitter für den Gaumen. Sie gefällt anfänglich, aber nicht bis zuletzt; sie bietet eine heitere Außenseite, aber verhüllt Übel und Elend. Hat der Mensch eine Reihe von Jahren darin gelebt, so ruft er mit dem Prediger: «Eitelkeit der Eitelkeiten, und alles ist eitel» [Pr 1, 1]. In der Tat, auch wenn ein Mensch nicht die Religion zur Führung hat, wird er schließlich dazu kommen, zu sagen: «Alles ist Eitelkeit und Geistesplage», überall Enttäuschung, Sorgen, Schmerz. Gottes ernstes Gericht über die Sünde ist im Gange der Welt verborgen und zwingt den Menschen zu schweren Gedanken, er mag nun wollen oder nicht.

Die Lehre vom Kreuze Christi sagt uns also nur von vornherein, was uns die Welterfahrung bestätigen wird. Sie fordert uns auf, inmitten der lächelnden, heiteren Welt über unsere Sünden zu trauern; und wenn wir es nicht beherzigen wollen, so werden wir auf die Dauer auch wider unseren Willen trauern, indem die schrecklichen Folgen des Bösen über uns kommen.. Zugegeben, daß die Lehre vom Kreuz nicht an der Oberfläche liegt. Diese mag heiter sein, und das Kreuz ist düster. Es ist eine verborgene Lehre, deren Wahrheit verhüllt ist. Auf den ersten Blick befremdet sie uns, und wir sind versucht, uns gegen sie aufzulehnen. Mit Petrus rufen wir: «Das sei ferne von dir, Herr! Das soll dir nicht widerfahren!» (Mt 16, 22). Aber es ist doch eine wahre Lehre; denn die Wahrheit liegt nicht an der Oberfläche, sondern in der Tiefe. Und wie die Lehre vom Kreuz nicht in die Augen springt, obschon sie das wahre Verständnis der Welt vermittelt, und wie sie nicht an der Oberfläche, sondern verborgen ist: so wohnt sie auch in gläubigen Herzen, die sie aufgenommen haben, als ein inneres Lebensgeheimnis und ist als solches verborgen und nicht zur Beobachtung ausgebreitet. Wahre Christen leben nach den Worten der Schrift «im Glauben an den Sohn Gottes, der uns geliebt und sich für uns dahingegeben hat» (Gal 2, 20); aber sie sagen dies nicht jedermann; sie überlassen es jedem, es zu erkennen, wenn es ihm darum zu tun ist. Sie empfinden es als eine religiöse Pflicht, ihr Inneres nicht zur Schau zu stellen, und sie haben es nicht ungern, äußerlich anders zu erscheinen, als sie innerlich sind. Sie können ein freundliches Gesicht zeigen und ihre Gefühle zu meistern und zu lenken streben, daß sie nicht nach außen bloßliegen, sondern tief in ihrem Herzen leben. Und so ist Jesus Christus, als der Gekreuzigte «eine *verborgene* Weisheit» (1 Kor 2, 7); verborgen in der Welt, die für den Augenschein etwas ganz anderes lehrt, und verborgen in der gläubigen Seele, die auf fernerstehende und oberflächliche Betrachter den Eindruck macht, sie lebe ein ganz gewöhnliches Leben, während sie in Wahrheit die stille Gemeinschaft mit jenem pflegt, der geoffenbart im Fleische, gekreuzigt in der Schwachheit, gerechtfertigt im Geiste, den Engeln sichtbar, in die Herrlichkeit aufgenommen ist.

Ist dies richtig, so kann die große, erhabene Lehre vom Kreuz in biblischer Sprache das «Herz» der Religion heißen.. Das Herz ist den Blicken entzogen, ist sorgsam und sicher behütet, nicht wie das Auge frei im Antlitz, allem gebietend und allen sichtbar; so ist auch die Wahrheit vom Sühnopfer Christi nicht etwas, wovon man viel redet, sondern wovon man lebt; nicht etwas, was man ungescheut nach außen trägt, sondern still verehrt; nicht etwas, das man zur Bekehrung gottverlassener Menschen braucht oder worüber man mit Weltkindern disputiert, sondern wovon man zu empfänglichen, religiös gestimmten Herzen spricht: zu den Kleinen, die noch nicht von der Welt verdorben sind, zu den Trauernden, die sich nach Tröstung sehnen, zu aufrichtigen, ernsten Menschen, die eine Lebensregel suchen, zu Unerfahrenen, die eine Warnung benötigen, zu Gereiften, die aus Erfahrung darum wissen.

Noch etwas ist wichtig: wir müssen nicht meinen, weil die Lehre vom Kreuz uns traurig stimmt, sei das Christentum eine *melancholische Religion*. Der Psalmist sagt: «Die in Tränen säen, werden in Jubel ernten» [Ps 125, 5], und nach unserem Herrn sollen «die Trauernden getröstet werden» [Mt 5, 4]. Niemand soll den Eindruck mitnehmen, das Christentum bringe uns eine trübe Welt- und Lebensbetrachtung. Es möchte uns freilich daran hindern, mit einer oberflächlichen Ansicht zufrieden zu sein und sich der flüchtigen Lust des Sinnenfälligen hinzugeben; aber es warnt uns nur *deshalb* vor der kurzen Freude des Augenblicks, um uns auf die Dauer wahre, tiefere Freude zu bereiten. Es will nur nicht, daß wir mit Fröhlichkeit beginnen; es sagt nur: wenn du damit beginnst, wird es ein schlimmes Ende nehmen. Es fordert uns auf, mit dem Kreuz Christi zu beginnen, und da werden wir anfangs trauern, aber nach einer

Weile wird aus der Trauer Friede und Tröstung sprießen. Das Kreuz wird uns zu Ernst, Zerknirschung, Demut, Gebetsgeist und Buße anleiten; wir werden trauern über unsere Sünden, trauern mit Christi Leiden; aber all diese Trauer wird nur in Seligkeit enden, ja sich in eine Seligkeit verwandeln, die viel tiefer ist als die Freuden der Welt.

Menschen, die sich gedankenlos der Welt verschreiben, werden dies freilich nicht glauben und werden schon über die Vorstellung lachen, weil sie solches nie verkostet haben.. Der Erlöser aber spricht zu seinen Jüngern: «Ihr habt zwar jetzt Trauer, aber ich werde euch wiedersehen, und euer Herz wird sich freuen, und eure Freude wird niemand von euch nehmen» (Joh 16, 22). «Den Frieden hinterlasse ich euch, meinen Frieden gebe ich euch; nicht wie die Welt ihn gibt, gebe ich ihn euch» (Joh 14, 27). Und St. Paulus sagt darüber: «Der natürliche Mensch faßt nicht, was des Geistes Gottes ist; es ist ihm eine Torheit, und er kann es nicht verstehen, weil es sich nur dem geistigen Verständnis erschließt» (1 Kor 2, 14)..

Und noch etwas: nach dem Gesagten ist alles, was glänzt und an der Oberfläche schön erscheint, zwar nicht das Wesenhafte und soll füglich nicht in sich selbst als Erfüllung der Freude gelten, doch ist es immerhin ein Sinnbild und eine Verheißung der wahren Freude, die aus dem erlösenden Leiden aufblüht. Es ist eine vorläufige Verheißung dessen, was einmal sein wird, eine Ahnung, die Hoffnung weckt, weil das Wesenhafte folgen soll, aber die nicht kurzerhand mit dem Wesenhaften zu verwechseln ist. Es ist Gottes liebreiche Art, daß er in seiner Barmherzigkeit uns jeweils die Ahnung vor der Erfüllung schickt, damit wir uns aufrichten an dem, was kommen wird, noch ehe es da ist. So zog unser Herr vor seinem Leiden im Triumph in Jerusalem ein, umgeben von der jubelnden Menge, die Palmzweige schwang und Gewänder auf seinem Weg ausbreitete; das war an sich nur ein eitles hohles Gepränge, und unser Herr gefiel sich nicht darin; es war wie ein hinhuschender Schatten, der nicht bleiben konnte und bald entschwand: Er konnte nicht in seine Herrlichkeit eingehen, bevor er gelitten hatte; er konnte sich nicht an einem Scheine freuen, von dem er wußte, das ihm die Wirklichkeit fehle. Und doch war es eine Vorahnung seines Triumphes, Vorzeichen und Verheißung des kommenden wahren Sieges, nachdem er den bitteren Tod überwunden hat. .

So wollen auch wir die Welt und ihre Freuden, die doch etwas Enttäuschendes haben, ansehen. Wir wollen nicht auf sie bauen, nicht unser Herz daran hängen, nicht damit beginnen. Vielmehr laßt uns mit dem Glauben beginnen, mit Christus, mit seinem Kreuz und mit der Verdemütigung, die es einschließt. . Laßt uns «zuerst das Reich Gottes suchen, und alles andere wird uns dreingegeben werden» [Mt 6, 33]. Nur die können dieser Welt froh werden, die vor allem auf die unsichtbare schauen; nur die sind ihrer froh, die sich zuerst von ihr gelöst haben; nur die können wirklich feiern, die zuerst fasten; nur die können die Welt recht gebrauchen, die sie nicht mißbrauchen, und nur die sie genießen, die sie als eine Andeutung des Kommenden erkennen und um ihretwillen sich gegenüber der gegenwärtigen freihalten.

PPS VI. 7: 82/93; vgl. Dreves 224 ff.; Laros V. 22 ff.; Haecker, Dreifaltigkeit 171 ff. (9. April 1841).

BERUFUNGEN

«Der Herr kam und stand vor ihm und rief: ,Samuel, Samuel!' Da antwortete dieser: ,Rede, Herr, dein Diener hört!'» (1 Sam 3, 10). In dieser Erzählung sehen wir ein bemerkenswertes Beispiel göttlicher Berufung und zugleich die Art, wie wir uns dabei verhalten sollen. Samuel war schon als Knabe in das Haus des Herrn gebracht worden. Als die Zeit gekommen war, wurde er als Prophet zu einer heiligen Sendung berufen. Sogleich, wie der Ruf an ihn ging, entsprach er ihm: «Samuel, Samuel!» Der verstand nicht sogleich, wer ihn rief, und um was es sich handelte; aber er ging zu Heli, und hier erfuhr er, wer es sei, und was er antworten solle. Und so sprach er, als Gott von neuem rief: «Rede, Herr, dein Diener hört!» Das ist rascher Gehorsam.

Recht verschieden waren die Umstände bei der Berufung des heiligen Paulus, aber in einem sind sie der Berufung Samuels gleich: auch er gehorchte auf Gottes Ruf hin sogleich; als er die Stimme vom Himmel hörte, sprach er unter Zittern und Staunen: «Herr, was willst du, das ich tun soll?» (Apg 9, 6)..

Die gleiche Gesinnung drückt auch David im 26. Psalm aus: «Da Du sagtest, suche mein Antlitz! — gab dir mein Herz zur Antwort: Ja, Herr, Dein Antlitz will ich suchen.»

Die Haltung, die sich in solchen Worten ausdrückt, ist in der Schrift noch an manchen Heiligen in ihren Worten und Taten dargestellt. Aber auch das Umgekehrte, das Versagen gegenüber dem Rufe, ist da geschildert an Beispielen von solchen, die ins Leben hätten eingehen können, aber tatsächlich nicht eingingen. So lesen wir von den Aposteln, daß Jesus, «als er am Galiläischen See hinwandelte, zwei Brüder sah, Simon, genannt Petrus, und seinen Bruder Andreas, die gerade die Netze auswarfen, denn sie waren Fischer. Und er sprach zu ihnen: ‚Folget mir nach, ich will euch zu Menschenfischern machen!' Und auf der Stelle verließen sie ihre Netze und folgten ihm» (Mt 4, 18/20). An einer anderen Stelle wird uns im Evangelium St. Joannis erzählt: «Jesus wollte nach Galiläa ziehen, da begegnete er Philippus und sprach zu ihm: ‚Folge mir!' Philippus traf Nathanael und sprach zu ihm ähnlich: ‚Komm und sieh!' Als Jesus Nathanael kommen sah, sagte er von ihm: ‚Das ist ein wahrer Israelit, an dem kein Falsch ist'» (Joh 1,43 ff.). Der reiche Jüngling hingegen schrak vor dem Rufe zurück und fand, es sei ein hartes Wort: «Willst du vollkommen sein, so gehe hin, verkaufe alles, was du

hast, und gib es den Armen, um mir nachzu-
folgen!» Als der Jüngling das hörte, «ging er
traurig von dannen, denn er war sehr reich»
(Mt 19, 21 f.). Andere, die zu schwanken schienen, vielmehr aus menschlichen Rücksichten um
kurzen Aufschub baten, wurden wegen Mangel
an Bereitschaft zurückgewiesen. Denn die Zeit
steht für niemand still. Ist das Wort der Berufung gesprochen, so ist es vorbei, und ist der
Augenblick nicht benutzt, so ist er verloren.
Christus war unterwegs gen Himmel; er schritt
den See entlang, er ging weiter, er ging vorüber, er hielt nicht an. Alle Gerufenen mußten
sich anschließen, oder er berief andere an ihrer
Stelle: «Er sprach zu einem anderen: ‚Folge mir
nach!‘ Jener sagte: ‚Herr, erlaube mir, daß ich
zuvor hingehe und meinen Vater begrabe!‘
Jesus aber sprach zu ihm: ‚Laß die Toten ihre
Toten begraben — du aber komm und verkünde
das Reich Gottes!‘ — Und wieder einer sagte:
‚Ich will dir folgen, Herr, aber gestatte mir zuerst, daß ich es daheim den Meinen sage!‘ Jesus
sprach zu ihm: ‚Niemand, der die Hand an den
Pflug legt und zurückschaut, ist würdig des
Reiches Gottes‘» (Lk 9, 59 ff.)..

Nun kann jemand sagen: «Was geht das alles
uns an, was soll das heute? Wir sind von Kindheit auf gerufen, Gott zu dienen, noch ehe wir
fähig waren, uns zwischen Gehorsam und
Nicht-Gehorsam zu entscheiden; wir fanden uns
schon gerufen, als unsere Vernunft zu dämmern
anfing; wir sind in den Stand des Heils gerufen
und haben als Kinder Gottes, als seine Diener,

all diese Zeit der Bewährung gelebt, da wir bereits als Kinder in der heiligen Taufe durch unsere Eltern in diesen Stand versetzt wurden — wir haben es nicht mit einem weiteren Ruf zu tun, er gehört der Vergangenheit an!»

In gewissem Sinne ist dies richtig. Und doch bleibt es wahr, daß die angeführten Schriftstellen auch auf uns ihre Anwendung finden. Sie gehen uns an und wollen uns Mahnung und Führung auf mancherlei Weise sein, wo es um Wichtiges geht. Einige Überlegungen werden dies zeigen.

In Wahrheit nämlich werden wir nicht nur einmal berufen, sondern oft. Unser ganzes Leben hindurch ruft uns Christus. Er ruft uns das erstemal in der Taufe, aber er ruft auch später. Ob wir seiner Stimme folgen oder nicht, er fährt in Gnaden fort, uns zu rufen. Verlieren wir die Taufgnade, so ruft er zur Buße; bemühen wir uns, dem Rufe zu folgen, so ruft er uns von einer Gnade zur andern, von einer Reifestufe zur andern, solange wir zu leben haben. Abraham ward aus seiner Heimat berufen, Petrus von seinem Netze weg, Matthäus von seinem Geschäft, Elisäus vom Acker, Nathanael aus seiner Verborgenheit. So sind auch wir zu jeder Zeit von einem zum andern gerufen. Denn «wir haben hier keine bleibende Stätte» (Hbr 13, 14), sondern steigen aufwärts der ewigen Ruhe entgegen; und sind wir dem einen Rufe gefolgt, so wird alsbald ein anderer Ruf auf uns zukommen. Wieder und wieder ruft er uns, um uns wieder und wieder zu begnaden und mehr und mehr zu heiligen und einst uns zu verklären.

Gut wäre es für uns, wir würden dies verstehen! Leider erfassen wir nur langsam die große Wahrheit, daß Christus sozusagen unter uns wandelt und uns durch einen Wink seiner Hand, seines Auges, oder durch ein Wort seines Mundes einlädt, ihm zu folgen. Wir verstehen es nicht, daß sein Ruf etwas ist, was sich *jetzt* ereignet. Wir denken, sein Ruf sei in den Tagen der Apostel ergangen, aber wir glauben nicht an ihn und lauschen nicht auf ihn, wo er uns selbst betrifft — zum Unterschied von seinem Liebesjünger, der Christus erkannte, als ihn die andern noch nicht erkannt hatten (Joh 21, 7). Wir haben keine Augen, den Herrn zu sehen.

Was ich sagen will, ist dies: die aus religiösem Geiste leben, werden von Zeit zu Zeit auf Wahrheiten stoßen, die sie zuvor noch nicht erkannten, oder die zu erwägen sie bisher keinen Anlaß fanden. Wie durch fremde Gewalt treten sie ihnen jetzt vor Augen. Wahrheiten, die Pflichten auferlegen, die Befehlen gleichkommen und Gehorsam heischen. Auf solche und ähnliche Weise ruft uns Christus. Es ist dies nichts Wunderbares oder Außergewöhnliches in seinem Walten über uns. Er wirkt durch unsere natürlichen Fähigkeiten und Lebensumstände; dennoch ist dasjenige, was seine Vorsehung uns zugedacht hat, in allem Wesentlichen für uns dasselbe, was seine Stimme für die Menschen war, die er in seinem irdischen Wandel ansprach. Ob er in sichtbarer Gegenwart befiehlt oder durch eine Stimme oder durch unser Gewissen, das verschlägt nichts: wir fühlen, es ist sein Wille..

Und diese göttlichen Rufe sind naturgemäß im allgemeinen ebenso plötzlich und dabei ebenso unbestimmt und dunkel hinsichtlich ihrer Auswirkungen, wie sie es in alten Zeiten waren. Die Zufälle und Begebenheiten des Lebens sind ganz offensichtlich eine besondere Weise, wie solche Rufe Gottes, von denen wir reden, uns zukommen. Und «Zufälle» sind, wie wir alle wissen und wie es im Worte selbst gesagt ist, ihrer Natur nach plötzlich und überraschend. Da geht jemand seinen gewöhnlichen Beschäftigungen nach; eines Tages kommt er nach Hause und findet einen Brief, eine Meldung oder eine Person, durch welche eine unerwartete Prüfung über ihn kommt. Wenn er ihr in religiösem Geiste begegnet, wird sie dazu dienen, ihn zu höherer Stufe religiöser Reifung emporzuführen, von der er bisher so wenig verstand wie von den «unaussprechlichen Worten», die St. Paulus im Himmel hörte (2 Kor 12, 4). Wir verstehen unter «Prüfung» gemeinhin etwas, das bei guter Bewährung einen Menschen in seiner gegenwärtigen Haltung bestärkt — ich spreche hier von etwas mehr, sofern die Prüfung den Menschen nicht nur bestärkt, sondern ihn auch zu höherer Stufe der Erkenntnis und Heiligkeit erhebt. Viele werden es in Wahrheit überraschend finden, beim Rückblick auf ihr vergangenes Leben zu bemerken, welch verschiedene Begriffe sie in verschiedenen Lebensperioden über göttliche Wahrheit, über die Weise, Gott wohlzugefallen, über Erlaubtes und Unerlaubtes, über das Wertvolle und über das Glück des Menschen hatten; ich nehme keinen Anstand zu behaupten, diese Unterschiede könnten ebenso groß sein wie zwischen dem geistigen Stand des Petrus zur Zeit, da er noch ruhig am See dem Fischerhandwerk nachging, oder des Propheten Elisäus, da er noch das Ochsengespann führte, und jener neuen geistigen Verfassung, als er zum Apostel, bzw. jener zum Propheten, berufen war.. Nun wohl, diese verschiedenen Arten der Lebensbetrachtung, auch wenn sie alle gut sind, können nicht alle die besten sein; und auch das erschöpft die Sache noch nicht: denn die eine Betrachtungsweise kann auch im Gegensatz zur andern stehen, die eine kann gut, die andere schlecht sein; aber auch unter den im allgemeinen guten sind die einen Betrachtungsweisen und Haltungen doch nur teilweise gut, die andern eigentlich unvollkommen, und wieder andere können auch einen starken Einschlag von Verirrung haben. Nur eine ist die beste, nur eine die Wahrheit, die volle Wahrheit — welche, das wissen nur jene, die davon erfüllt sind, obschon auch sie es nicht eigentlich «wissen». Gott aber weiß es, und zu dieser einzigen Wahrheit will er näher und näher hinführen. Er führt seine Erlösten, er erzieht seine Erwählten, alle und jeden einzelnen, zu der einen, vollkommenen Erkenntnis Christi und zum Gehorsam gegen ihn..

Vielleicht ist es der Verlust eines teuren

Freundes oder Angehörigen, wodurch sein Ruf an uns ergeht, und auf einmal sehen wir die Nichtigkeit des Irdischen und werden bereiter, Gott zu unserem einzigen Halt zu machen. Durch die Kraft der Gnade bringen wir fertig, was wir nie zuvor vermochten. Und wenn wir dann im Lauf der Jahre auf unser Leben zurückschauen, entdecken wir, daß jenes schmerzliche Ereignis uns auf eine neue Stufe des Glaubens und Urteilens versetzte und daß wir, mit dem Früheren verglichen, gewissermaßen andere Menschen wurden..

Oder es ereignet sich etwas, was uns zwingt, uns für oder gegen Gott zu entscheiden. Die Welt verlangt von uns ein Opfer, von dem wir fühlen, wir dürfen es nicht bringen. Irgendein verlockendes Anerbieten wird uns gemacht, oder ein Tadel oder eine Herabsetzung droht uns — wir haben uns zu entscheiden und zu bekennen, was wahr und was falsch ist. Durch Gottes Gnade taten wir, was wir nach Gottes Willen zu tun hatten. Wir taten es in Furcht und Verwirrung; wir sahen den Weg nicht klar vor uns; wir sahen nicht, wie unser Tun sich auswirken, und wie es unser allgemeines Verhalten und unsere Lebensauffassung beeinflussen werde; und doch hat es weittragende Folgen. Jene kleine Tat, von uns verlangt und rasch beschlossen und ausgeführt, ist vielleicht wie das Eingangstor in einen «zweiten oder dritten Himmel», die Pforte in einen höhern Stand der Heiligung und zu einer tieferen Einsicht, als wir sie bisher besaßen..

Oder wir sind gewohnt, in der Heiligen Schrift zu lesen; wir tun es mit religiösem Ernst und von dem Wunsche beseelt, Gott zu dienen. Da geht uns mit einem Male ihr Verständnis auf, wie wir es bisher nicht besaßen. Vielleicht ist es irgendein Gedanke, der sich uns aufdrängt und der zu vielen Stellen der Schrift gewissermaßen den Schlüssel bietet oder uns eine ganze Reihe von neuen Erkenntnissen nahebringt. Ein neues Licht fällt auf die Gebote des Herrn und seiner Apostel; vielleicht geht uns auf einmal die Lebensweise der alten Christen auf, wie die Schrift sie schildert, jene einfachen Leitgedanken, auf denen sie nach der Schrift beruhte. Sie war uns bisher verborgen; nun verstehen wir vielleicht, wie verschieden sie von dem Leben ist, das wir heute führen. Erkenntnis ist aber allemal ein Ruf zum Handeln; Verständnis der Weise, vollkommen zu leben, ist ein Ruf zum vollkommenen Leben..

Nichts ist gewisser, als daß manche Menschen sich zu höheren Pflichten und Taten berufen fühlen als andere, die den Ruf nicht erhielten. Warum dies so ist, wissen wir nicht. Vielleicht verscherzten jene, die nicht gerufen sind, ihre Berufung zufolge eines Versagens in früheren Prüfungen; vielleicht waren sie gerufen und sind dem Rufe nicht gefolgt; vielleicht gibt Gott zwar allen die Taufgnade, aber beruft in seiner freien Gnadenwahl die einen zu Höherem als die andern — wir wissen es nicht. Aber jedenfalls ist es so. Der eine sieht, was der andere nicht sieht, hat einen festeren Glauben, eine glühendere Liebe, ein tieferes geistiges Verständnis. Niemand ist berechtigt, sich das bequemere Maß eines andern zu eigen zu machen. Was andere sind, ist nichts für uns. Wenn Gott uns zu ernster Weltentsagung ruft und von uns ein Opfer unserer Hoffnung oder Befürchtung fordert, so ist es unser Gewinn, ein Zeichen seiner Liebe zu uns, und darüber sollen wir uns freuen.. Wir brauchen nicht geistlichen Hochmut zu fürchten, wenn wir dem Rufe Christi folgen, vorausgesetzt, daß wir's mit männlichem Ernste tun. Religiöser Ernst hat keine Zeit, sich mit andern zu vergleichen. Religiöser Ernst empfindet zu tief die eigenen Schwächen, als daß er sich selbst überheben könnte. Er befaßt sich einfach mit dem Vollzug des Willens Gottes; er sagt einfach: «Rede, Herr, dein Diener hört!» und «Herr, was willst du, daß ich tun soll?» O daß wir mehr von diesem Geiste hätten, o daß wir alles mit einfältigem Auge sähen! Wir würden begreifen, daß wir keine andere Aufgabe haben, als Gott zu gefallen.. «Du sollst mich führen nach Deinem Rate, um mich aufzunehmen in Deine Herrlichkeit. Wen hätte ich im Himmel und auf Erden als Dich? Mein Fleisch und mein Herz vergeht—Du aber, Gott meines Herzens, bist meine Stärke und mein Anteil in Ewigkeit» (Ps 72, 24 ff.).

PPS VIII. 2: 17/32; vgl. Dreves 14 ff. (27. Oktober 1839).

II

DER CHRISTLICHE CHARAKTER

DER BIBLISCHE CHRIST

Offensichtlich enthält das Neue Testament eine Fülle von Bemerkungen, Anregungen und Beschreibungen über die innere Haltung und Lebensweise eines Schülers Christi, wie man sich einen solchen zur Zeit der Evangelien dachte. Der Begriff eines Christen, wie die Heilige Schrift ihn zeichnet, ist durchaus klar umrissen, und wenn wir überzeugt sein können, uns nach der Schrift eine allgemeine Idee des Juden bilden zu können, so wissen wir noch viel klarer, was ein Christ war.. Ob nun die Christen von heute gerade so sein sollen wie die Christen der Urkirche, das ist eine weitere Frage; zuerst gilt es festzustellen, was ein Urchrist nach seiner Beschreibung in der Bibel war.., und danach wird noch Zeit genug sein, es auf unser Leben anzuwenden und uns klarzumachen, wie weit heutige Menschen sich nach dem Bilde formen sollen, das ihnen von inspirierter Hand vor Augen gestellt ist.

Zunächst ist es gewiß, daß dieser eine, *bestimmte* christliche Charakter und diese Lebensidee, und nur diese, sowohl unserem Herrn wie dem Vorläufer, den Aposteln wie den Christen ganz allgemein zugeschrieben wird. Dabei ist natürlich der Herr etwas anderes als der Täufer, und dieser als die Apostel, und diese hinwieder gegenüber den einzelnen Christen. Johannes trat im Gewand eines Asketen, in einem Kleid von Kamelhaaren auf und nährte sich von Heuschrecken und wildem Honig; unser Herr aß und trank und lebte mitten unter den Menschen, während Johannes in der Wüste war. Die Apostel verkündeten die Gnade, der Täufer die Buße; die Christen im allgemeinen waren Hörer der Botschaft, nicht Lehrer, auch waren viele Frauen unter ihnen, die als solche vom Herrn wie von Johannes und den Aposteln sich noch mehr unterschieden. Und doch stellen sie alle einen bestimmten Typus von Menschen dar, der sich von den anderen unterscheidet..

1. Die erste Eigenschaft eines biblischen Christen (wenn ich diesen viel mißbrauchten Ausdruck gebrauchen darf), die sich unserer Beobachtung aufdrängt, ist die *innere Freiheit* von Fesseln und Zielen der Welt. Die Christen leben in dieser Welt, aber sind nicht von der Welt. St. Paulus sagt: «Unser Bürgerrecht ist im Himmel» (Phil 3, 20); mit anderen Worten, der Himmel ist unsere Stadt, unsere Heimat. Wir wissen, was es heißt, ein Bürger dieser Welt zu sein: man hat seine Interessen, Rechte, Privilegien, Pflichten und persönliche Verbindungen in einer bestimmten Stadt oder einem Staat; man ist von ihm abhängig, muß ihn verteidigen und gehört zu ihm. All das gilt vom Christen in bezug auf das Himmelreich. Das Himmelreich ist seine Heimat, nicht die Erde — wenigstens gilt dies von den Christen, wie die Schrift sie zeichnet. «Wir haben hier keine bleibende Stätte, sondern suchen die künftige» (Hbr 13,14).

Darum fügt Paulus dem ersten der angeführten Texte hinzu: «Von dort [vom Himmel] erwarten wir auch den Erlöser, den Herrn Jesus Christus» (Phil 3, 20). Das ist für den Christen bezeichnend; man kann ihn definieren als einen, «der auf Christus wartet», *der nach Christus ausschaut*. Er schaut nicht aus nach Gewinn, Auszeichnung, Macht, Vergnügen, Behagen, sondern er schaut nach dem Erlöser, dem Herrn Jesus Christus aus.. Ob er reich oder arm, hoch oder niedrig sein soll, ist eine zweite Frage, die man gesondert betrachten kann; aber sicher ist ein Urchrist nur der, der allein, welcher sein Lebensziel nicht hienieden hat, der also kein Verlangen hat, in dieser Welt etwas anderes zu sein, als er ist. Seine Gedanken und Ziele richten sich auf die unsichtbare, künftige Welt, und den Geschmack an der zeitlichen hat er nicht mehr. Süß und bitter sind ihm gleich, gemäß der Mahnung des Apostels: «Was droben ist, suchet, nicht was auf Erden ist! Denn ihr seid gestorben, und euer Leben ist mit Christus in Gott verborgen. Wenn aber Christus, euer Leben, erscheinen wird, so werdet auch ihr mit ihm in seiner Herrlichkeit erscheinen» (Kol 3, 2ff.). Daraus ergibt sich, wie uns der Herr mit spürbarem Nachdruck mahnt: «Darum wachet, denn ihr wißt nicht, wann der Herr kommt..» (Mt 24, 42). «Seid nüchtern, wachet und betet!» (1 Ptr 4, 7).

Damit ist auf einen weiteren Charakterzug der ersten Christen hingewiesen, nämlich den *Gebetsgeist*. Sie wußten nicht, zu welcher Stunde der Herr kommen werde, darum wachten und beteten sie zu jeder Stunde, um nicht in Versuchung zu fallen. «Sie waren fortwährend im Tempel, Gott lobend und preisend» (Lk 24, 53); «sie waren in Gebet und Fürbitte versammelt mit den Frauen» (Apg 1, 14); «sie verharrten einmütig im Tempel, brachen das Brot von Haus zu Haus und genossen Speise mit Fröhlichkeit und Einfalt des Herzens» (2, 46) und so noch an manchen Stellen (2, 1; 3, 1; 10, 1–3; 16, 25; 21, 5).. Diese Gewohnheit zu beten, dieses immer wiederkehrende Gebet des Morgens, des Mittags, des Abends, ist also nach der Schrift ein christliches Merkmal, und es entspricht dies ·dem früher angeführten Wort, wonach «unser Bürgerrecht im Himmel ist». Mit andern Worten: keine Schranke, keine Wolke, nichts Irdisches stand zwischen der Seele des Urchristen und seinem Herrn und Erlöser. Er trug Christus in seinem Herzen; darum war alles, was aus seinem Herzen hervorging, seine Gedanken und Worte und sein Tun, von Christus erfüllt. Der Herr war sein Licht, und darum strahlte es aus ihm in die Welt..

Hier mögen wir wohl beachten, daß die Religion im Herzen beginnt, aber nicht im Herzen endet. Sie beginnt mit der neuen Gesinnung, die sich von der Erde zum Himmel richtet, mit dem Abstreifen und Wegwerfen aller irdischen Zwecke; aber das ist nicht das Letzte bei Christen, wie die Schrift sie beschreibt und die nach Christi Gebot geformt sind. Sie sind mit aller Kraft der Seele und allen Fasern des Leibes etwas Höherem zugewandt: sie sind bei ihm, der in ihrem Herzen wohnt. — So wollen wir denn des weiteren betrachten, wohin dieses innerliche Christentum zielte, oder wie die Christen, die innerlich Bürger des Himmelreichs waren, *zur Welt hin* lebten.

2. Sie waren eine Gemeinschaft von einfältigen, unschuldigen, ernsten, demütigen, geduldigen, sanften, liebevollen Menschen, und wie auf jeder Seite des Neuen Testaments zu sehen ist, ging ihr Interesse nicht auf irdischen Vorteil und weltliche Macht. Es findet sich eine Beschreibung von ihnen zu Beginn der Apostelgeschichte: «Die Menge der Gläubigen war ein Herz und eine Seele; keiner betrachtete die Dinge, die er besaß, als sein Eigentum, sondern alles war unter ihnen gemeinsam.., noch war jemand unter ihnen, der an etwas Mangel litt; denn wer einen Acker oder ein Haus besaß, verkaufte es und legte den Erlös zu Füßen der Apostel nieder, und er wurde verteilt nach den Bedürfnissen eines jeden» (Apg 4, 32ff.). Das war natürlich die naheliegende Folge einer tiefen Überzeugung, daß diese Welt nichtig und die andere über alles wichtig ist. Wer einmal begriffen hat, daß er zu den «Mitbürgern der Heiligen und Hausgenossen Gottes» [Eph 2, 19] gehörte, mußte es notwendig in seinem Verhalten zeigen. Unter Verhältnissen wie den ihrigen wären es eitle Worte auf ihren Lippen gewesen, hätten sie von sich gesagt, ihr Bürgerrecht sei im Himmel, und hätten dann doch wie von je gegessen und getrunken und sich benom-

men wie die Kinder der Welt.. «Verkaufet, was ihr habt», hatte der Herr gesagt, «und gebet Almosen! Verschaffet euch Beutel, die nicht alt werden, einen Schatz, den ihr im Himmel behaltet, den kein Dieb stehlen und den die Motten nicht verderben können; denn wo dein Schatz ist, da ist auch dein Herz. So haltet eure Lenden gegürtet und eure Lichter brennend!» (Lk 12, 15/20; 33/35).. Diese Trennung von der Welt, die nach der Zeichnung Christi und seiner Apostel den Charakter des Christen bestimmt, wird im heiligen Buch an zahllosen Stellen und mit mancherlei Einzelzügen geschildert. «Liebet nicht die Welt noch die Dinge dieser Welt», heißt es bei Johannes (1 Joh 2, 15); «seid nicht dieser Welt gleich, sondern durch die Erneuerung eures Geistes umgewandelt!» (Röm 12, 2); und Paulus bekennt von sich selbst: «..Beim Kreuze Christi, durch den mir die Welt gekreuzigt ist und ich der Welt gekreuzigt bin» (Gal 6, 14)..

3. Damit kommen wir zu einem dritten und letzten Merkmal des christlichen Geistes im Neuen Testament, und es folgt notwendig aus den beiden andern. Wenn die ersten Jünger so rückhaltlos die Welt aufgaben und wenn sie dann so ernsthaft und entschieden beim Wort genommen wurden, was, denkst du, mußte sich daraus ergeben, wenn sie ehrliche Menschen und nicht heuchlerisch waren? Daß sie sich freuten, beim Wort genommen zu werden. So ist dies die dritte Begnadung eines Urchristen gewesen: *Freude* in allen Formen, nicht nur des

lauteren Herzens, und nicht nur der reinen Hand, sondern auch des frohen Gesichtes. Freude in allen Formen, sage ich, weil echte Freude gar viele Gnadengaben einschließt: Frohe Menschen sind liebevoll, sie vergeben gern und sind freigebig. Ist es christliche Freude, die veredelte Freude der Zuchtvollen oder auch Heimgesuchten und Verfolgten, so macht sie die Menschen friedlich, heiter, dankbar, liebenswürdig, herzlich, sanft, umgänglich, vertrauensvoll; sie ist gewinnend, rücksichtsvoll und von rührender Zartheit. All das waren die Christen des Neuen Testaments, denn sie besaßen, was sie ersehnten. Sie hatten verlangt, das Reich der Welt mit all seinem Pomp der Liebe Christi zum Opfer zu bringen, den sie gesehen und geliebt, an den sie geglaubt und dem sie ihr Herz gegeben hatten; und als ihr Wunsch erfüllt war, was konnten sie da anders als «sich freuen und frohlocken», im Bewußtsein, daß «euer Lohn im Himmel groß ist» (Lk 6, 23)?.. Der Herr hatte ihnen gesagt: «Daran wird man erkennen, daß ihr meine Jünger seid, wenn ihr einander liebt» [Joh 13, 35]. «Meinen Frieden hinterlasse ich euch, meinen Frieden gebe ich euch, nicht wie die Welt ihn gibt, gebe ich ihn euch. Euer Herz betrübe sich nicht und lasse sich nicht erschrecken» (Joh 14, 27).

Oder erwägen wir, wie das besondere Gebet, das der Herr uns lehrte, das Muster jeden Gebetes, mit dieser Idee des Christen übereinstimmt. Von seinen sieben Bitten beziehen sich drei auf den allmächtigen Gott und vier auf den Bittenden selbst; könnte man bessere Worte finden, um sie in ein Gebet für Pilger in dieser Welt zusammenzufassen? Oft sagen die Leute, der wahre Gottesdienst bestehe darin, daß man dem Menschen diene, als bestünde die Religion lediglich darin, daß wir unsere soziale Rolle leidlich gut spielten, und nicht in unmittelbarem Glauben, Gehorsam und Anbetung Gottes. Wie anders ist der Geist des Vater Unser! Inmitten des Bösen, zwischen Feinden und Verfolgern, mit Anfechtungen vor Augen, mit dem Zureichenden gerade für heute, mit dem Bewußtsein der Schuld, die man zu sühnen hat: *Gottes* Wille im Herzen und Gottes Name auf den Lippen und Gottes Reich in der Hoffnung —: das ist das Bild eines Christen, das sich diesem Gebet entnehmen läßt. Welche Einfachheit, welche Größe, welche klare Bestimmtheit! Und wie stimmt das alles zu dem, was wir sonst in der Schrift vom Christen lesen können!..

Und nun versuchen wir, dieses Vorbild auf uns selber anzuwenden. Wir wissen es wohl, wir wissen es nur zu gut, daß solche Mahnungen und Beispiele nicht unmittelbar auf jeden einzelnen von uns anzuwenden sind; wir sind nicht persönlich verpflichtet, die Welt in einer so buchstäblichen Hingabe preiszugeben [wie die Jünger der engeren Nachfolge]. Die Geschichte von Ananias und Saphira genügt, uns dies zu zeigen. Ihre Sünde lag darin, daß sie vorgaben, etwas zu tun, was sie nicht hätten tun müssen; sie leisteten *angeblich* einen freien Verzicht, den sie in Wahrheit nicht leisteten.. Dies wirft Petrus ihnen vor: «War es zuvor nicht euer eigen, und war es nicht, nachdem es verkauft war, noch immer in eurer Gewalt?» [Apg 5, 4]. Eine furchtbare Warnung für jeden, keine größere Heiligkeit oder Selbstverleugnung zur Schau zu stellen, als man wirklich anstrebt. Zugleich aber auch ein Beweis, daß die großen Verzichtleistungen, von denen die Bibel spricht, nicht alle Christen verpflichten.. Freilich, obschon es freiwillig ist, kannst du doch dazu berufen sein, und es kann deine Pflicht sein, diesen verdienstvollen Weg zu gehen.

Subj. Day 19: 276–92; vgl. Laros V. 204 ff. (5. oder 12. Februar 1943).

CHRISTLICHES SELBSTGEFÜHL

Als der Erlöser von seinen Jüngern schied, sagte er ihnen, er werde wiederkommen, und ihre Trauer werde sich in Freude verwandeln (Joh 14, 18 f.; 16, 20 f.). Er ging von ihnen, aber sie sollten ihn sehen, wenngleich die Welt ihn nicht sehen konnte; denn sie würden die gesegnete Gegenwart Dessen genießen, der ihm gleich und eins in ihm ist und also sie mit ihm vereinen würde: die dritte Person der ewigen Dreifaltigkeit, der Heilige Geist.

Er sagte, er werde nach seinem Heimgang wiederkommen. Der Geist kam, und sein Kommen war in Wahrheit ein Kommen Christi.. Aber der Trost, den ihnen der Heilige Geist brachte, war verschieden von dem, den sie von

Christus empfangen hatten, so wie die Ermunterung und Belohnung für Kinder anders ist als die Art, wie man Erwachsene ermuntert und zur Erfüllung schwieriger Pflichten anspornt.. Und wenn wir uns auf Christi Wiederkommen freuen, so ist es nicht die Freude von unbeschwerten Kinderherzen, die dem Augenblick leben, sondern der besinnliche Frohsinn von Erwachsenen, die ihre Sorgen und Schwierigkeiten haben, sich auf Gefahren gefaßt machen müssen und nach den Worten des heiligen Johannes wissen, daß «die Welt im Argen liegt» und daß der «Sohn Gottes gekommen ist und uns Einsicht verliehen hat, den Wahrhaftigen zu erkennen», seine Hoheit und Macht zu erfahren (1 Joh 5, 19).

So ist denn das Verhältnis der Apostel zum verklärten Herrn ein anderes, als es vorher gewesen war, als sie dem Irdischen folgten; und der Grund ist eben der Heilige Geist. Wohl harrten sie seiner in Hoffnung auf seinen Frieden, «nicht wie die Welt ihn gibt» (Joh 14,27), und wenn sie diesen auch immer genossen, so zeigt uns ihre Geschichte doch, daß sie seine neue Gegenwart fürchteten, während sie sich ihrer erfreuten.. Darum spricht Paulus: «Wirkt euer Heil mit Furcht und Zittern» (Phil 2, 12) und «betrübet nicht den Heiligen Geist» (Eph 4, 30). «Wißt ihr nicht, daß ihr Tempel Gottes seid und der Geist Gottes in euch wohnt?» (1 Kor 3, 16)..

Diese wichtige Wahrheit ist der ganzen heiligen Schule der Jüngerschaft Christi aufgeprägt, welche die Kirche ihren Kindern bietet. Seit der Herr zum Himmel aufgefahren ist, ist anstelle der unmittelbaren Zwiesprache eine Haltung getreten, die sich in feierlichen Riten kundgibt, anstelle des vertrauten Umgangs geheimnisvolle sakramentale Zeichen, anstelle von Fragen und Antworten schweigender Gehorsam.. Derselbe, der einst seinen Meister beiseite genommen und zur Rede gestellt hatte [Mt 16, 22], wagte nach der Auferstehung nicht, ihn anzureden, als er ihn sah und erkannte [Joh 21, 12]; der beim Abendmahl an seiner Brust gelegen hatte, fiel wie tot zu seinen Füßen nieder [Geh Offb 1, 17]. Und wie die Art seines Kommens neu war, so auch seine Gabe. Es war «der Friede», aber ein neuer Friede, «nicht wie die Welt ihn gibt», nicht das Frohlocken der Jugend, die leichtherzige, einfache, rasche und flüchtige Freude, sondern ein ernster, ruhiger, bleibender Trost, voll Ehrfurcht und tiefer Innerlichkeit.

Je tiefer und mächtiger die Empfindungen des Christen sind, je eifriger sein Streben, je herrlicher sein geistiges Schauen, um so ehrfürchtiger, zuchtvoller und abgeklärter muß seine Gottesverehrung und sein religiöses Zeugnis sein. Wer war so trunken von Gottesliebe, wer so überwältigt vom göttlichen Geist wie Sankt Johannes? Und doch, wessen Sprache kann gemessener und würdiger sein als die seine, da er sagt: «Seht, welche Liebe uns der Vater erwiesen hat, da wir Kinder Gottes heißen und sind!.. Wenn er erscheinen wird, werden wir ihm ähnlich sein, denn wir werden ihn sehen, wie er ist» (1 Joh 3, 1f.). Oder wer hatte einen so flammenden Eifer wie Sankt Paulus? Und doch, höre seine Mahnungen an die Geistigen von Korinth: «Alles geschehe zur Erbauung.., die Geister der Propheten seien in der Gewalt der Propheten; denn Gott ist nicht ein Gott der Unordnung, sondern des Friedens» (1 Kor 14, 26. 32)..

Wenn schon zu der Zeit, als die Kinder der Verheißung noch «unmündig» waren [Gal 4, 1—33].., ein ernster und nüchterner Sinn zu bemerken war, so ist die Wesensart der Kirche Christi noch viel erhabener und himmlischer, würdig, hoheitsvoll, ruhig und ohne Unordnung. Es ist die seelische Haltung, die vom göttlichen Tröster gegeben ist, der uns beisteht und stärkt und uns über uns selbst erhöht.. Wenn religiöse Menschen erkennen, was Großes für sie geschah, wird ihr Bewußtsein naturgemäß gesteigert. Man weiß, wie Stellung und Verantwortung schon in irdischen Dingen die Menschen ändert; sie werden ernster, behutsamer, gemessener, vernünftiger, entschiedener; sie fürchten sich vor Mißgriffen und wagen doch mehr, weil sie sich des Rechtes, der Vollmacht und der Gelegenheit zu großen Möglichkeiten bewußt sind. So muß auch der Christ, ganz abgesehen von der Wirkung der himmlischen Gnade, schon durch das Bewußtsein seines Standes vom Kindhaften zur Reife übergehen, wenn er einmal seine Begnadung erkannt hat. Je tiefer er die ihm zu teil gewordene Gabe er-

kennt und um sie besorgt ist, um so mehr hat
er Ehrfurcht vor sich selbst, einfach, weil er
seine Verantwortung spürt.

Erwägen wir nur die Sprache, in der uns der
Herr und seine Apostel die Begnadung vor
Augen stellen: «Wenn jemand mich liebt, so
wird er mein Wort halten, und wir werden
kommen und Wohnung bei ihm nehmen» (Joh
14, 23). Sankt Paulus sagt: «Ihr seid Tempel des
lebendigen Gottes, wie Gott selbst gesprochen
hat: Ich will in ihnen wohnen und unter ihnen
wandeln» (2 Kor 6, 15).. Bei Johannes lesen
wir: «Wer immer bekennt, daß Jesus der Sohn
Gottes ist, in dem wohnt Gott, und der ist in
Gott» (1 Joh 4, 15). Ist es nicht naturgemäß,
daß die hier ausgesprochene Lehre den Christen
unermeßlich über sich selbst erheben wird, und
ohne seine Demut zu beeinträchtigen, sie nur
vertieft? Da liegt der Grund, weshalb er die irdischen Dinge als gering, unwichtig und keines
leidenschaftlichen Interesses würdig erachtet
und seine Seele vor den natürlichen Unruhen
und Aufregungen bewahrt.. Christen ziemt
es, im Lichte zu wandeln als Kinder des Lichts,
ihr Herz zu erheben und nach dem auszuschauen, der ging, um wieder zu ihnen
zurückzukehren.

Aus demselben Grunde wird vom Christen
verlangt, daß er dasjenige, was die Menschen
im allgemeinen erstreben: Geld, Aufwand,
Glanz, Volksgunst und Macht, geringschätzt.
Die Geringschätzung der Weltdinge brachte
den Urchristen den Vorwurf der Gleichgültig-

keit ein. Ihre heidnischen Feinde hatten recht:
sie waren uninteressiert und gelassen gegenüber
zeitlichen Dingen. Wenn die Güter der Welt
an ihrem Wege lagen, waren sie nicht verpflichtet, sie auszuschlagen, und sie verwehrten es
anderen Menschen nicht, sie in religiösem Geist
zu benutzen; aber für ihr Empfinden waren es
Eitelkeiten, Kinderspiele, die für ernste Menschen nicht mehr in Betracht kommen. St. Paulus äußert solche Gefühle sogar im Hinblick
auf irdische Berufe und Stände im allgemeinen:
wie er gerade darauf zu sprechen kommt, bricht
er wie ungeduldig über die vielen darauf ver-
schwendeten Worte plötzlich ab und sagt: «Aber
das sage ich euch, meine Brüder: die Zeit ist
kurz!» [1 Kor 7, 29].

Die Unruhen des Lebens werden den Christen um so weniger berühren, je mehr unter dem
Einfluß des Heiligen Geistes das Bewußtsein der
Begnadung in ihm wächst; und selbst wenn er
verfolgt wird, um einen äußersten Fall anzunehmen, sagt er sich im Wissen um die Gegenwart Gottes in seinem Innern, daß er erhaben
ist über jene, die eine Zeitlang Gewalt über ihn
haben. Oder ist das nicht das Erleben, welches
die Martyrer und Bekenner oft bekundet haben?
Darum wird er unter allen Verhältnissen ruhig
und gesammelt sein. Kränkungen bedeuten ihm
nichts: er kann sie vergessen, weil er sie ver-
achtet; er hat keine Angst, weil er Gott mehr
fürchtet als Menschen; er steht fest und beharr-
lich im Glauben, weil er «den Unsichtbaren
schaut» [Hbr 11, 27]; er ist nicht ungeduldig,

weil er keinen Eigenwillen hat, nicht enttäuscht, weil er nichts erwartet, nicht sorgenvoll, weil er nichts fürchtet, nicht geblendet, weil er keinen Ehrgeiz hat, unbestechlich, weil er keine persönlichen Wünsche hat.

Noch mehr, erwägen wir auch, daß all diese Geistesgröße, die in jeder anderen Religion in Hochmut zu entarten pflegt, für Gläubige des Evangeliums vereinbar, ja innigst verbunden ist mit der tiefsten Demut. Gewiß können die erhabenen Vorrechte des Christen einen gewöhnlichen Menschen zu dünkelhaften Gefühlen versuchen; aber das kann nur solchen widerfahren, die ihre Gnadenvorzüge sich selbst zuschreiben, wozu sie allerdings kein Recht besitzen. Die Gabe des Geistes verlangt Ehrfurcht, Ehrerbietung und heilige Furcht.. Wer sich der Begnadung rühmen wollte, hätte sogar das Abc des Evangeliums vergessen.., und sollte er wirklich Gutes tun — «Was hast du, was du nicht empfangen hättest?» [1 Kor 4, 7].. Das Selbstgefühl des Christen ist somit kein persönliches, ichsüchtiges Gefühl, sondern die Wurzel treuer Hingabe und Ehrfurcht zum göttlichen Meister, der uns mit seiner herablassenden Güte begnadet hat. Sein Tun hat deshalb nichts Ungestümes, sondern ist beherrscht und scheu, weil er weiß, daß Gottes Auge auf ihm ruht, daß Gottes Hand auf ihm liegt und Gottes Stimme in seinem Innern spricht. Bei all seinem Tun und Lassen vergegenwärtigt er sich, daß der Allwissende, der ihn führt, auch sein künftiger Richter ist.. Auf seiner Erinnerung liegt

das Wissen um seine vergangene Schwäche und
Schuld; er sagt sich, daß sein bisheriges Leben
ihm mehr Grund zu Trauer und Zerknirschung
gibt als zu Jubel..

Freilich, wie unwirklich sind solche Betrachtungen in einer Zeit, in der ihnen weder in uns
selbst noch im Umkreis der Kirche eine volle
Wirklichkeit entspricht!.. Aber vielleicht wird
das, was für die Menge umsonst gesagt ist, einzelnen etwas zu sagen haben, und was heute
verloren ist, kann morgen wiederkehren.., oder
was in einem die Kraft des Herzens nicht vermag, hinterläßt vielleicht doch einen Wunsch.
Es soll uns nicht verdrießen zu reden, ob man
uns höre oder sich abwende, denn wir wissen:
«Wer auf den Wind wartet, wird niemals säen,
und wer den Wolken nachschaut, wird niemals
ernten» (Pr 11, 4).

Subj. Day 11: 137/49; vgl. Laros V. 121 ff. (22. Mai 1831).

GEISTESREIFE UND GEISTESENGE

«Der geistige Mensch beurteilt alles, er selbst
aber wird von niemand beurteilt» (1 Kor 2, 15).
Die Gabe, die nach dem Apostel eine so hohe
Auszeichnung besitzt, ist die christliche Weisheit, und ihr Geber ist Gott der Heilige Geist.
«Wir reden Weisheit unter Vollkommenen»,
hatte Paulus kurz vorher gesagt, «aber nicht
Weisheit dieser Welt.., sondern Gottes Weisheit, geheimnisvoll, ja verborgen». Und nachdem er die himmlischen Wahrheiten angeführt

hat, welche die Weisheit schaut, fügt er bei: «Gott hat sie uns kundgetan durch seinen Geist..; wir haben nicht den Geist dieser Welt empfangen, sondern den Geist aus Gott.»

Nach Paulus besteht ein Unterschied zwischen Weisheit und Glaube: «Wir lehren Weisheit für die Vollkommenen.» Danach gehört die Weisheit einer höheren Stufe an, besonders Verkündern des Evangeliums, während Glaube die grundlegende Gnade ist, die alle nötig haben, besonsers auch die Hörer.. Auch im Evangelium vom Pfingstsonntag ist von der Gabe der Weisheit die Rede, wenn Christus verheißt, der Tröster werde die Apostel «alles lehren und sie an alles erinnern», was er ihnen gesagt habe [Joh 14, 26]; ebenso im Wort des heiligen Paulus: «Im Bösen sollt ihr Kinder sein, im Verständnis aber Männer» [1 Kor 14, 20].

Eine besondere Reife des Urteils, die der *Philosophie oder Lebensweisheit verwandt* ist, ist bei Paulus und Johannes in ihren Mahnungen gemeint, wenn sie sagen: «Prüfet alles, was gut ist, behaltet!» (1 Thess 5, 21), und «Prüfet die Geister, ob sie aus Gott sind!» [1 Joh 4, 1].. Anderseits ist auch von Äußerungen des geistigen Lebens die Rede, die dem *Glauben* ähnlich sind, sofern sie es nicht mit dem forschenden Verstand oder mit Erörterungen zu tun haben; so wenn der Herr spricht: «Wenn jemand mich liebt, wird er mein Wort halten, und auch ich werde ihn lieben und mich ihm offenbaren.., und mein Vater wird ihn lieben, und wir werden zu ihm kommen und Wohnung bei ihm nehmen» (Joh 14, 21 ff.)... Wenn ich im folgenden das Wesen der christlichen Weisheit als einer vom Glauben verschiedenen Fähigkeit oder Begabung des Geistes, als reife Frucht der Vernunft, beleuchten will, die fast der philosophischen Weisheit entspricht, so soll man nicht meinen, ich wolle ihr übernatürliches Wesen und ihren göttlichen Ursprung bestreiten. Der allmächtige Gott bewegt uns und wirkt in uns durch unsere natürlichen Fähigkeiten, nicht ohne sie oder trotz ihrer. Wie wir im Sündenfall nicht andere Wesen wurden als vorher, sondern nur Gaben verloren, die zu unserem natürlichen, geschaffenen Wesen hinzukamen, so verlieren wir auch im Zeichen des Evangeliums nichts von der angeborenen Natur, sondern erhalten das Verlorene zurück. Wir sind, was wir waren, und noch etwas dazu. Und was vom Wirken Gottes in unserem Geist im allgemeinen gilt, gilt im besonderen von den vernünftigen Fähigkeiten.. Sowohl Glaube wie Weisheit, die grundlegende und die vollendende Gabe des Geistes, sind intellektuelle Fähigkeiten, die eine Vernunftbetätigung einschließen.., und es ist keine Herabsetzung des göttlichen Ursprungs der Weisheit, wenn wir sie von ihrer menschlichen Seite her betrachten, um zu zeigen, welches ihr Wesen, ihre Nachbildungen und Verbildungen sind..

Die Worte *Philosophie*, philosophischer Geist, *Bereicherung und Weitung des Geistes*, aufgeklärte Anschauung, weise und umfassende Sicht der Dinge und dergleichen kommen in der heutigen

Literatur bekanntlich häufig vor und bedeuten ziemlich dasselbe.. Wenn z. B. jemand, dessen Erfahrungskreis bisher auf unsere ruhige, einfache Landschaft begrenzt war, in Gegenden unserer Heimat oder des Auslands kommt, wo die Natur wildere und gewaltigere Formen zeigt, besonders im Gebirge, oder wenn einer vom stillen Dorf zum erstenmal in die Großstadt kommt, wird er das lebhafte Gefühl einer Bereicherung und Weitung des Geistes haben.. Oder das Studium der Geschichte und Belesenheit im allgemeinen, Bildung mit einem Wort, bringt nach allgemeiner Ansicht eine geistige Aufklärung und Weitung des Horizonts mit sich, während Unwissenheit als Enge des Gesichtskreises und Verkümmerung der Geisteskraft empfunden wird.. Sogar die Sünde bringt ihre eigene Weitung des Geistes mit sich; das war es, wonach Eva in der Versuchung begehrte, und das erfuhr sie dann; und vielleicht ist dies bei gewissen Sünden, zu denen besonders die reifende Jugend versucht ist, ihr großer Anreiz und ihre Befriedigung. Sie erregen die Neugier der Unschuld und betören die Vorstellungskraft der armen Opfer, vor deren Auge sich scheinbar eine neue Welt auftut, von der aus sie nachher auf ihre frühere Unschuld mit einer Art Mitleid und Verachtung zurückschauen, als wäre sie unter der Würde des Menschen.

Anderseits hat auch *die Religion ihre eigene Bereicherung und Weitung* des geistigen Lebens. Man hat oft bemerkt, daß auch Menschen ohne höhere Bildung, die früher leichtfertig hinlebten, bei ihrer Zuwendung zu Gott anfangen, in ihr eigenes Innere zu schauen, ihr Herz zu ordnen, ihre Lebensführung zu veredeln und das Wort Gottes zu überdenken. Da scheint in ihrem geistigen Leben etwas Neues zu werden. Früher nahmen sie die Dinge, wie sie kamen, und schenkten dem einen nicht mehr Beachtung als dem andern; jetzt aber hat alles, was ihnen begegnet, eine Bedeutung für sie; sie bilden sich ihr eigenes Werturteil über alles, was sie erleben. . Und wenn jemand früher nichts Besseres kannte als z. B. die Glaubenslehre einer sektiererischen Richtung und dann auf einmal in die Theologie der alten Kirche eindringt, so wird ihm zumute wie einem, der eine große Bereicherung und Weitung des Horizonts erlebt: Lehren, die ihm bisher ganz unbekannt waren, Lebensauffassungen, Ideen, Grundsätze und Ziele ganz neuer Art gehen ihm auf.

Solche Beispiele zeigen gewiß, daß dasjenige, was man unter Philosophie, Weisheit, Bereicherung des Geistes versteht, eng zusammenhängt mit Erwerb von Kenntnissen, und die Heilige Schrift scheint dasselbe zu sagen. So heißt es von Salomon: «Gott verlieh ihm Weisheit und Verständnis in reichem Maße und eine Weite des Herzens wie die Sandküste des Meeres» [3 Kön 4, 20]. . Und wo Paulus von der Weisheit der Vollkommenen spricht, bezeichnet er sie als eine Offenbarung, ein Wissen vom Göttlichen, wie es der natürliche Mensch nicht «erkennt» [1 Kor 2, 8]; an anderer Stelle betet er im Hinblick auf dieselbe Weisheit, seine Brüder möchten «mit allen Heiligen begreifen die Breite und Länge, die Höhe und Tiefe der Liebe Christi, die alles Erkennen übersteigt, damit sie erfüllt werden mit der ganzen Fülle Gottes» [Eph 3, 19].

Nun braucht man aber nur wenig nachzudenken, um zu erkennen, daß Wissen an sich, gleich viel welcher Art es sei, so sehr es eine Bedingung geistiger Bereicherung und Weitung ist, doch nicht eigentlich das Weitende ist; vielmehr zeigen die erwähnten Beispiele, daß die Weitung in der *Zusammenschau* der verschiedenen Wissensgegenstände besteht.., und diese beruht nicht einfachhin in der Erkenntnis der vielen einzelnen Dinge, sondern ihrer gegenseitigen Beziehung; sie ist zusammenhängendes, *lebendiges* Wissen.

Philosophie ist Betätigung der Vernunft an Wissensgegenständen.. Verständnis der Dinge in ihrer gegenseitigen Beziehung, bis das Ganze in der Anschauung zu einem geistigen Kosmos wird.. Die Philosophie kann deshalb nicht parteiisch, einseitig, ungestüm sein, sie kennt nicht Überraschung noch Furcht, sie verliert nicht ihr Gleichgewicht, sie gerät nicht in Verlegenheit, sie kann nur geduldig, gesammelt und von majestätischer Ruhe sein; denn sie sieht das Ganze in jedem Teil und das Ende in jedem Anfang.. Und so ist die heilige Weisheit, die klare, ruhige, deutliche Schau und Erfassung des ganzen Verlaufes und der Vollendung des Werkes Gottes; und wenn auch nur jener sie in ganzer Fülle besitzt, der «alles erforscht, sogar die Tiefen Gottes» [1 Kor 2, 10], so sind sie uns doch in gewissem Maße «durch den Geist geoffenbart»; und so erfüllt sich in etwa das Wort, wonach «der geistige Mensch alles beurteilt, selbst aber von niemand beurteilt wird».. Das ist das Wunder der Pfingstgabe, durch die wir «die Salbung des Allheiligen haben und alles wissen» [1 Joh 2, 20]..

Philosophie ist Gebrauch der Vernunft; ihrer systematischen Zusammenschau weihte sich Newtons Geist, ebenso Butler[1], die alten Väter der katholischen Kirche und auf ihre Weise auch die berühmten Denker des Mittelalters, die den christlichen Glauben in ein denkerisches System brachten: Athanasius, Augustinus, Thomas von Aquin. Wo aber der Verstand weit über das Wißbare hinausgeht, wo das Wissen begrenzt, die Vernunft aber rege ist, wo man wenig feststehende Wahrheiten besitzt, aber Gedankenspekulationen im Überfluß entwickelt, da ist die *Neigung zum Systematisieren fragwürdig* und kann sogar gefährlich sein. In solchen Fällen ist Vorsicht, Mißtrauen sich selbst gegenüber, stete Furcht vor kühnen Mutmaßungen, vor Paradoxien und unwirklichen Aussagen angebracht, um die Schlußfolgerungen in den Grenzen der Nüchternheit zu halten..

Es ist ein Gesetz des menschlichen Geistes, daß er alles stets auf dieselbe Weise tut. Nur schwer ändert er seinen Gang, und sich selbst

---

[1] Jos. Butler († 1752), bedeutender anglikanischer Theologe, dessen Hauptwerk «Analogy of Religion» auf Newman einen tiefen Einfluß hatte.

überlassen, kommt es zu einem mechanischen, unlebendigen Denken.. Nicht nur unsere Gesichtszüge und unsere Gestalt bleiben sich Tag für Tag gleich, sondern wir sprechen auch im selben Ton, bewegen uns in denselben Gedankengängen und Sätzen, zeigen stets unsere charakteristische Haltung und gehen im selben Schritt voran wie gestern.. Bestimmte Methoden empfehlen sich uns von selbst und sind uns in mancher Hinsicht hilfreich, auch angenehm bis zu gewissem Punkte und in vieler Hinsicht durchaus notwendig. Selbst Skeptiker können nichts ohne elementare Prinzipien beginnen.. Liberale Theologen bekennen sich zwar zu einer freundlichen Duldsamkeit gegenüber jeder Lehre, erklären es aber für eine Ketzerei, sich ihrem Grundsatz der Weitherzigkeit zu widersetzen; und alle, die eine Verfolgung religiöser Ansichten verwerfen, verfolgen selbst, um der Behauptung ihres Standpunktes willen, alle, die eine bestimmte Überzeugung vertreten.. So ist dasjenige, was man in gehässigem Sinne «Dogmatismus», und «System» nennt, auf die eine oder andere Weise, und nur nach Graden verschieden, dem Menschengeist beinahe notwendig: wir können sonst nicht urteilen, fühlen, nicht handeln.. Ehe der Geist auf Grundsätze verzichtet, wird er solche aufs Geratewohl übernehmen, wo er sie bekommt, und möchten sie auch fehlerhaft oder ungewiß sein. — Das haben Weisheit, Bigotterie und Glaube gemein. Von einem Grundsatz leben sie alle; aber die *Weisheit* ist Anwendung von richtigen Grundsätzen auf vorgefundene Tatsachen, während *Bigotterie* von unpassenden und engen Grundsätzen ausgeht und *Glaube* sich an Grundsätze hält, ohne sie in gedanklichen Zusammenhang bringen zu wollen.

Dem Glaubensgeist ist es eigen, daß er sein Urteil unter einem Gefühl der Pflicht und Verantwortung bildet und dabei gemäß den Mahnungen der Offenbarung mit gelehrigem, demütigem Herzen an die persönliche Verwirklichung denkt, mit bereitwilligem Bekenntnis seines Nichtwissens, und ohne sich Sorge um verstandesmäßige Ableitungen zu machen. Er bewegt sich in einer Höhe, über die selbst Philosophie nicht hinauskommt. In alldem ist der Glaubensgeist das *Gegenteil* von Bigotterie. *Engherzige Geister hingegen,* weit entfernt, ihre Unwissenheit einzugestehen und aus Pflichtgefühl zur Wahrheit zu stehen, behaupten, die Dinge, die sie anfassen, und die Grundsätze, die sie darauf anwenden, durchaus zu verstehen. Schwierigkeiten sehen sie nicht; sie sind überzeugt, daß sie beliebige ihrer Lehrsätze mindestens ebenso mit der Vernunft wie mit dem Glauben begründen können. Sie halten sich für stark genug, anderen einen Glauben an ihre Sätze aufzureden, und sind ungeduldig, wenn ihnen das nicht gelingt. Sie meinen, die Voraussetzungen, von denen sie ausgehen, ließen nur gerade *die* Schlüsse zu, die sie ziehen, keine andern. Sie halten ihre eigenen Ansichten für höchst geeignet, alle Tatsachen zu erklären, die berücksichtigt werden müssen, alle Einwände zu widerlegen und zwischen allen Richtungen mäßigend und schlichtend zu wirken.. Sie haben aber nur eine oder zwei Lieblingsideen, die sie bei jeder Gelegenheit heranziehen.. Zu einer natürlichen und ungezwungenen Aussprache sind sie nicht fähig und bringen es auch nicht fertig, ihre Gedanken für sich selbst sprechen zu lassen, im Vertrauen, daß sie schließlich zum Ziele führen. Vielleicht haben sie nach ihrer Meinung die Leitidee, den einfachen Sinn und die Quintessenz des Evangeliums entdeckt, und versteifen sich nun auf diesen oder jenen ausgesuchten Lehrsatz.. Sofort kommen sie dir mit ein paar Schriftstellen, die sie aufs Geratewohl gefunden haben, und behaupten, was jede Stelle und jeder Vers bedeuten müsse, und was nicht..

Engherzige Geister haben nicht die Kraft, sich in die Denkweise anderer Menschen zu versetzen. Sie haben sich in ihrer Position verschanzt.., und nicht nur in der Kritik ihrer Gegner zeigt sich ihre Geistesenge, sie verrät sich oft auch in ihren parteimäßig bejahten Sätzen selbst.. Fremde Ideen biegen sie in die eigenen um, und man mag Worte gebrauchen wie immer, um seine Meinung zu erklären, selbst die deutlichsten und zwingendsten Ausdrücke können ihnen unmöglich neue Perspektiven erschließen oder ihren Geist für neue Gesichtspunkte empfänglich machen.. Während echte Philosophie in alle Weiten reicht und es geradezu ihre Probe ist, daß sie jeder neuen Erkenntnis gewachsen ist und sich alles einverleiben kann — ist die Betrachtungsweise engherziger oder bigotter Geister schon bei den nächsten Grenzen am Ende angelangt..; ihr Bett ist kürzer, als daß sich ein Mensch darauf ausstrecken könnte, die Decke zu kurz, als daß man sich darein hüllen könnte. Und was soll da mit jenen noch unbesetzten Weiten geschehen? Ihre Erforschung muß folgerichtig verboten, oder ihr Dasein einfach geleugnet werden! So gibt es heute neue Wissenschaftszweige, besonders naturwissenschaftliche, auf die man allgemein mit Angst sieht, weil man das Gefühl hat, die bisherigen Ansichten entsprechen ihnen nicht mehr, obschon man weiß, daß es in Wirklichkeit keine Wahrheit außerhalb des Christentums geben kann..

Unter diesen Umständen ist es nicht verwunderlich, wenn Menschen mit engen Ansichten durch die Schwierigkeiten ihrer Position oft verwirrt werden und in ihrem Schrecken aus den Fugen geraten. Was sie noch nicht wußten, oder wenn auch gewußt, noch nicht recht erwogen hatten, beschwert plötzlich ihr Bewußtsein. Da werden sie ungeduldig, weil ihre Beweise nicht besser überzeugen, und sie versuchen, sich mit Gewalt den Einwendungen zu entziehen. Sie schauen nach neuen Beweisen aus, wobei sie der Heiligen Schrift oder der Geschichte Gewalt antun. Sie zeigen ein geheimes Mißtrauen gegen die Wahrheit ihrer eigenen Grundsätze und erschrecken vor einer anscheinenden Niederlage ihrer Prinzipien oder vor gelegentlichen Zweifeln an ihnen. Sie erheben Geschrei und vergessen dabei, daß der Ausgang aller Dinge und der Erfolg ihrer Sache (*wenn* sie das ist, wofür sie sie halten), durch göttliche Verheißung besiegelt und gesichert ist..

Möge es stets unser Gebet und unser Streben sein, den vollen Ratschluß Gottes zu erkennen und zu jener Fülle Christi zu wachsen, in der alles Vorurteil, alles Selbstvertrauen, alle Hohlheit, alles Unwirkliche, Rechthaberische und Parteiische von uns abfällt unter dem Licht der Weisheit und dem Feuer des Glaubens und der Liebe — bis wir sehen, wie Gott sieht, im Urteil seines Geistes und gemäß dem Geiste Christi.

Oxf. Univ. Serm. 14: 268/311; vgl. Laros II. 200 ff.
(1. Juni 1841).

GLEICHMUT

«Freut euch im Herrn allzeit.., laßt alle Menschen eure Mäßigung erfahren: der Herr ist nahe! Macht euch keinerlei Sorgen, bringt in jedem Gebet und Flehen eure Danksagung zu Gott: dann wird der Friede Gottes, der alles Begreifen übersteigt, eure Herzen und euren Sinn bewahren in Christus Jesus» (Phil 4, 4—7). Das ist ein so klar umrissenes und vollständiges Bild des christlichen Charakters, daß sich eine Betrachtung darüber nahelegt..

Vielleicht ist nichts so bemerkenswert wie die Tatsache, daß ein Apostel, ein Mann des harten Einsatzes bis aufs Blut, ein Kämpfer mit unsichtbaren Mächten, «ein Schauspiel für Menschen und Engel» [1 Kor 4, 10], und mehr, daß ein Paulus, dessen natürliche Wesensart so feurig, so streng, so leidenschaftlich war — nichts ist so überraschend und bezeichnend, sage ich —, als daß gerade dieser Paulus uns ein solches Bild des christlichen Ideals entworfen hat. Es wäre nichts Auffallendes, es *ist* nichts Auffallendes, wenn Autoren *unserer* Tage [1839!] bei der Zeichnung der christlichen Seelenhaltung von Frieden, Ruhe, gelassener Sinnesart und liebenswürdiger Milde sprechen. Aber bedenken wir: Paulus, von Geburt Jude, von Erziehung pharisäischer Geistesrichtung, schrieb zu einer Zeit, da Christen, wenn je, in intensiver und unaufhörlicher Gemütserregung lebten. Verfolgungen und Gerüchte von Verfolgungen von allen Seiten; ihre Umgebung anscheinend in beständigem Aufruhr; noch nichts war damals gefestigt; noch stand keine Kirche, um Gläubigen Trost zu bieten; noch gab es keine regelmäßige Ordnung des liturgischen Jahres zu weiser Führung, keine Heimstätten zu gastlicher Aufnahme der Brüder. Bedenken wir ferner: das Evangelium ist voll von erhabenen, edlen, die Vorstellungskraft begeisternden Leitgedanken und Motiven und von tiefen Mysterien; und mehr, auch das Thema, das der Apostel immer wieder in seinen Mahnungen einflicht, ist etwas so Ernstes, Tiefbewegendes wie das nahe Kommen des Herrn. Wahrlich denkwürdig genug, daß der Verfasser in solcher Zeit, unter solchen Umständen und bei solcher Zukunftserwartung ein Bild des Christenmenschen zeichnen kann, so völlig frei von allem unruhig Flackernden oder Krampfhaften, so voller Ruhe, so friedlich und gelassen, als schriebe der große Apostel in einem Kloster der Wüste oder im Hause eines Landpfarrers. Das ist gewißlich der Finger Gottes. Da zeigt sich zum Greifen der übernatürliche Einfluß, der das Gemüt von äußeren Zufälligkeiten unabhängig macht. — Das ist ein erster Gedanke, der sich uns aufdrängt.

Und der zweite ist der: Welche Tiefe, welcher Adel des Herzens eignet dem wahren christlichen Geist! Wie schwer ist es, ihn zu fassen, wie mühevoll, ihn zu umspannen, wie unmöglich, ihn auszuschöpfen! Wer möchte solchen Sinn für Maß, solchen Gleichmut von dem glühenden Völkerapostel erwarten? Wir wußten schon, ein Paulus vermag Großes; er konnte dulden und Taten vollbringen, konnte predigen und bekennen, konnte das Höchste und das Gewöhnlichste — aber wir hätten uns vorgestellt, mit alldem sei nach seiner Auffassung auch die Grenze und Vollendung der christlichen Wesensart bezeichnet, und für Gefühle, wie sie im einleitenden Text beschrieben sind, sei bei ihm kein Raum. Und doch ist derjenige, der «mehr arbeitete als alle», die seine Brüder waren [1 Kor 15, 10], nicht weniger das Muster der Einfalt, Sanftmut, Milde, des dankbaren und frohen Gemütes. Diese Züge sind für St. Paulus geradezu bezeichnend, und er kommt in seinen Briefen häufig darauf zu sprechen, z. B.: «Trachtet nicht nach hohen Dingen, sondern haltet es mit den Kleinen» (Röm 12, 16); «haltet euch selbst nicht für weise» (l. c. 17); «befleißigt euch des Guten nicht nur vor Gott, sondern auch vor den Menschen» (l. c. 18); «soweit es möglich ist, und es auf euch ankommt, haltet Frieden mit jedermann!» (Röm 12, 18).. All das ließe fast einen gewöhnlichen Menschen vermuten. Da ist alles so gesetzt, so ruhig, so anspruchslos, so familiär; kaum etwas Auffallendes, Außergewöhnliches ist da gesagt; die Welt scheint ihn nicht zu kümmern; nichts Aufregendes — die Einfalt selbst..

Erwägen wir noch etwas näher das Eigentümliche dieser Gemütsverfassung, und worauf sie beruht. Es scheint mir vor allem im folgenden zu liegen: Der Herr ist nahe, hier ist nicht unsere Ruhe, hier nicht unsere bleibende Stätte — lebt also als Menschen, die sich nicht hier daheim wissen!.. Um auf einzelnes einzugehen:

1. «Macht euch *keinerlei Sorgen!*» Damit spricht er dasselbe aus wie Petrus: «Werfet alle eure Sorgen auf ihn!» (1 Ptr 5, 7), oder wie der Herr sagt:« Sorget euch nicht ängstlich um den morgigen Tag; denn der morgige Tag wird für sich selber sorgen» (Mt 6, 34). Das ist natürlich die Geistesverfassung, die sich unmittelbar aus dem Glauben ergibt, daß «der Herr nahe ist». Denn wer möchte sich heute um einen Gewinn oder Verlust quälen, wenn er sicher wüßte, daß Christus morgen erscheinen wird? Niemand. Nun wohl, der wahre Christ fühlt gerade so, wie er fühlen würde, wenn er sicher wüßte, daß Christus morgen kommt; denn er weiß sicher, daß Christus wenigstens in seiner Todesstunde

kommt. Der Glaube läßt ihn seinen Tod vorwegnehmen und bewirkt, daß der noch ferne Tag (*wenn* er noch fern ist) ihm gegenwärtig, ja wie schon hinter ihm erscheint. Früher oder später, das ist gewiß, wird Christus kommen, und wenn er einst gekommen sein wird, kann es nur gleichgültig sein, wie lange Zeit unserem Tod vorausging. .

So ist es auch mit allen dunklen Ahnungen, Ängsten, Widrigkeiten, Sorgen und Empfindlichkeiten dieser Welt. «Die Zeit ist kurz» [1 Kor 7, 29]. Es ist ein guter Gedanke, wenn man oft zur Beruhigung eines Menschen, der über ein Ereignis sich allzusehr grämt oder aufregt, zu denken gibt: «Wie wirst du das alles nach einem Jahr ansehen?» Ganz gewiß wird all das, was uns heute so sehr erregt, uns dann überhaupt nicht mehr kümmern; was uns heute mit lebhafter Besorgnis oder Hoffnung erfüllt, wird dann gerade so sein, als hätte es sich auf einem anderen Weltteil zugetragen. So wird es mit allen menschlichen Hoffnungen, Befürchtungen, Freuden, Leiden, mit den Regungen der Eifersucht, der Verdrießlichkeit und mit unseren Erfolgen sein, wenn der letzte Tag gekommen ist. Das alles wird dann verblaßt sein wie welke Blumen an einer Festtafel, die unser zu spotten scheinen. Oder was wird es uns ausmachen, wenn wir auf dem Totenbett liegen, ob wir reich oder berühmt oder glücklich oder geehrt oder einflußreich waren? Das wird dann alles Eitelkeit sein. Nun wohl, was die Welt *dann* in den Augen aller sein wird, das ist sie in den

Augen des Christen schon heute; er sieht die Dinge schon jetzt so an, wie er sie dann ansehen wird: mit einem leidenschaftslosen, ruhigen Blick; er ist von den Zufälligkeiten des Lebens weder tief betrübt noch hoch entzückt — weil es eben Zufälligkeiten sind.

2. Ein anderer Zug im Charakter des Christen ist das, was in unserer Bibelübersetzung mit «*Mäßigung*» wiedergegeben ist: «Laßt alle Menschen eure Mäßigung erfahren» [Phil 4, 5], oder wie wir es vielleicht genauer übertragen könnten: eure milde Aufmerksamkeit, eure liebenswürdige Art, eure abgewogene Freundlichkeit. St. Paulus bezeichnet es als einen Zug des christlichen Charakters, daß er im Rufe steht, aufrichtig, leidenschaftlos, gütig gegen andere zu sein. Und wirklich, wenn jemand (und in dem Maße wie jemand) glaubt, daß Christus am Kommen ist, und wenn er sich als Fremdling auf dieser Erde erkennt, der hier nur für eine Weile eingemietet ist, so wird er den menschlichen Dingen mit Gleichmut begegnen. Er wird fähig sein, sie ruhig zu betrachten, statt selbst eine Rolle darin zu spielen. Sie werden ihm nichts bedeuten. Er wird sie unparteiisch prüfen und urteilen können. Das ist mit «Mäßigung» gemeint, die allen Menschen kund werden soll. Wer nach der einen oder andern Seite stark interessiert ist, kann nicht ruhig beobachten und unbefangen richten; er ist Partei, er wird es mit der einen Seite gegen die andere halten, er wird voreingenommen sein gegen jene, die einen anderen Standpunkt einnehmen

oder den seinen befehden; er kann ihnen keine Zugeständnisse machen und kein Wohlwollen entgegenbringen. Der Christ dagegen ist frei von glühenden Erwartungen wie von bitteren Enttäuschungen. Er handelt aufrichtig, gerecht, rücksichtsvoll gegen jedermann und hat keine Versuchung zum Gegenteil. Er kennt keine Gewaltsamkeit, Voreingenommenheit, keinen Fanatismus oder Parteigeist. Er weiß, sein Herr wird siegen; er weiß, eines Tages wird er vom Himmel kommen, und niemand kann sagen, wie bald.. Wenn wir einen Roman lesen, hält uns die Erzählung so lange gespannt, als wir nicht wissen, wie es ausgehen wird; aber sobald wir dies wissen, flaut das Interesse ab. So ist es mit dem Christen. Er weiß, der Kampf des Reiches Gottes wird bis zum Ende währen, die Sache Christi wird schließlich siegen, seine Kirche wird bleiben, bis er kommt. Er weiß, was Wahrheit und was Irrtum ist, wo man geborgen und wo man gefährdet ist; und all dieses klare Wissen befähigt ihn, Zugeständnisse zu machen, Schwierigkeiten anzuerkennen, dem Irrenden gerecht zu werden, seine guten Seiten zu würdigen und jeweils mit dem Grade des Wohlwollens zufrieden zu sein, das er bei Mitmenschen findet. Er hat keine Furcht; Furcht macht die Menschen abergläubig, unduldsam, zelotisch. Des Christen Vorrecht ist es, erhaben zu sein über Hoffnungen und Ängste, Besorgnis und Eifersucht..

3. *Freude* und Fröhlichkeit sind weitere Kennzeichen des Christen, so wie es die Mahnung des

Apostels ausdrückt: «Freuet euch im Herrn allezeit!» — *trotz der Furcht* und des Erschauerns, welches der Gedanke an den Jüngsten Tag in ihm wecken soll. Gerade durch solche scharfen Gegensätze bringt uns die Schrift nahe, was mit den Verschiedenheiten gemeint ist. Würde uns nur gesagt, wir sollten fürchten, so würden wir wohl heilige Furcht mit knechtischer Angst oder düsterer Verzweiflung verwechseln; wären wir nur aufgefordert, uns zu freuen, so würden wir vielleicht ausgelassene Freiheit und Vertraulichkeit für Herzensfreude nehmen; ist uns aber gesagt, wir sollten beides, uns fürchten und uns freuen, so merken wir auf den ersten Blick, daß unsere Freude nicht ehrfurchtslos, unsere Furcht nicht hoffnungslos sein darf.. Ich möchte gewiß nicht behaupten, die Verbindung so verschiedener Pflichten sei damit leichter gemacht; das ist eine ferne und höhere Aufgabe; aber auf jeden Fall erhalten wir ein für allemal eine bessere Kenntnis unserer Aufgabe nach beiden Seiten hin.. Es ist eine klare Pflicht, in Erwartung des Kommens Christi uns zu freuen, als sollten wir uns nicht fürchten: die Furcht, die uns befohlen ist, soll nur unsere Freude vollenden; denn nur *die* christliche Freude ist echt, die von Furcht beseelt und belebt ist, so daß sie nüchtern und ehrerbietig bleibt..

Man könnte einwenden, wenigstens jene, die in Sünde gefallen sind oder im vergangenen Leben sich schwer vergangen haben, könnten nicht zu jener heiteren und frohen Gemütsstimmung gelangen, zu der St. Paulus mahnt. Zugegeben; aber was heißt dies anders, als daß St. Paulus uns vor Sünde warnt? Wenn er uns vor Traurigkeit und Schwermut warnt, so warnt er uns natürlich vor den Dingen, die einen traurig und schwermütig machen, und deshalb vor allem vor Sünde, weil diese ein besonderer Feind der Freude ist. Es ist nicht unrecht, traurig zu sein, wenn wir gesündigt haben; Unrecht ist die Sünde, aus der die Traurigkeit hervorgeht.. Und doch ist auch in diesem Fall Traurigkeit nicht unvereinbar mit Freude: ..ist sich der Mensch bewußt, daß es ihm mit seiner Wandlung ernst ist, so weiß er auch, daß Gott barmherzig auf ihn blickt, und das ist für ihn Grund genug, sich zu freuen, wenn auch Furcht daneben bleibt. Petrus konnte zu Christus sagen: «Herr, du weißt alles, du weißt, daß ich dich liebe» [Joh 21, 17]. *Wir* freilich können uns nicht so unbedingt darauf berufen; immerhin können wir es zögernd tun, können in demütigem Vertrauen sagen, wir hätten, so groß auch das Maß unserer vergangenen Sünden und so gering auch unsere gegenwärtige Selbstverleugnung ist, im Grunde des Herzens doch das innige Verlangen, von der Welt freizuwerden und Christus zu folgen. Und in dem Maße, als dieses ehrliche Gefühl in unserm Innern sich vertieft, werden wir uns «im Herrn freuen», wenngleich wir auch fürchten.

4. Zu dieser Seelenverfassung gehört auch der *Friede*, jener «Friede Gottes», der nach dem Apostel «über alles Begreifen ist und eure Herzen und euren Sinn in Christo Jesu bewahren

möge» [Phil 4, 7]. Manches in der Heiligen Schrift ist geeignet, uns zu beunruhigen, uns innerlich zu erregen, auch uns freudig zu entzücken — aber das Endergebnis von allem ist Friede. «Ehre sei Gott in der Höhe und auf Erden Friede» [Lk 2, 14]. Man könnte allerdings fragen, ob die Lage des Christen auf Erden nicht durch Kampf, Verwirrung und Unsicherheit bezeichnet sei; und sagt nicht St. Paulus selbst, daß «die Sorge» oder Bekümmernis «um alle Gemeinden» auf ihm laste [2 Kor 11, 28];.. «außen Kämpfe, innen Furcht»? (2 Kor 7, 5). Ich gebe es zu, bisweilen läßt er eine tiefe Erregung des Gemütes erkennen. Indes — sahst du noch nie einen weiten Wasserspiegel, und wie sich die Wellen an der Oberfläche kräuselten? Dringt etwa die Bewegung bis in die Tiefen?.. Unten in der Tiefe des Meeres, in der unermeßlichen Weite des Ozeans, der die Erde umgürtet, ist es im Sturm so ruhig und lautlos wie in der Windstille. So ist es in der Seele heiliger Menschen. Sie haben in sich eine unergründliche Quelle des Friedens; und wenn auch die Wechselfälle des Tages sie zu erregen scheinen, im Tiefsten der Seele ist es nicht so. Selbst von den Engeln läßt sich sagen, sie freuten sich über reuige Sünder [Lk 15, 7], und vielleicht könnte man daraus folgern, sie trauerten über Unbußfertige — aber wer möchte sagen, sie erfreuten sich nicht des vollkommenen Friedens? Selbst der allmächtige Gott läßt sich herab, von seinem Gram, seinem Zorn und seiner Freude sprechen zu lassen — aber ist er deshalb nicht der Unveränderliche?

So hatte auch Paulus, wenn man Menschliches mit Göttlichem vergleichen darf, vollkommenen Frieden, da seine Seele inmitten der Prüfungen des Lebens, die ihn bedrängten, in Gott ihren festen Halt besaß.

Der Christ genießt, wie gesagt, einen tiefen, stillen, verborgenen Frieden, den die Welt nicht sieht, einen Frieden, vergleichbar der Quelle an einem einsamen, schattigen Ort, wohin Menschenfuß nicht leicht Zugang hat. Er ist den größten Teil seiner Zeit mit sich allein, und in dieser Einsamkeit ist er gerade im rechten Stande. Was er mit sich selbst und seinem Gott allein ist, das macht sein wahres Leben aus. Er kann mit sich allein sein, er kann sozusagen in sich selbst die Freude finden; denn die Gnade Gottes in ihm, die Gegenwart des ewigen Trösters, ist seine Freude. Er bringt es fertig und ist dabei froh, allzeit mit sich allein zu sein — nie *weniger* einsam, als wenn er allein ist. Er kann des Abends sein Haupt zur Ruhe legen und mit überfließendem Herzen vor Gott bekennen, daß ihm nichts fehlt, daß er reich und überreich ist, daß Gott ihm alles ist, und daß ihm nichts mangelt, was Gott ihm geben könnte. Er mag sich größere Dankbarkeit, größere Heiligkeit, mehr vom Himmel wünschen; aber der Gedanke, er könne noch mehr haben, beunruhigt ihn nicht, sondern erfreut ihn. Es stört seinen Frieden nicht, zu wissen, er könne Gott noch näherkommen. Solcher Art ist der Friede des Christen, wenn er einfältigen Herzens und mit dem Blick auf das Kreuz sich dem befiehlt, bei dem die Nacht so hell ist wie der Tag.

St. Paulus sagt, «der Friede Gottes möge unsere Herzen bewahren» — mit «bewahren» meint er behüten oder mit einem Wall umgeben zur Abwehr des Feindes; und wenn er sagt, «unsere Herzen», so ist dies der Gegensatz zu dem, was die Welt von uns sieht. Denn viel Herbes mag man von einem Christen sagen oder ihm antun, er hat ein geheimes Schutzmittel oder eine verborgene Zauberkraft und kümmert sich nicht um die Menschen.

Das sind einige wenige Andeutungen über die Seelenverfassung, welche den Jüngern dessen ansteht, der einst «aus der reinen Jungfrau geboren ward» und sie auffordert, «wie Neugeborene nach der geistigen Milch des göttlichen Wortes zu verlangen, um so zu wachsen» [1 Ptr 2, 2]. Der Christ ist freundlich, umgänglich, milde, gefällig, rücksichtsvoll, lauter, anspruchslos; er kennt nicht herausforderndes, geziertes Wesen, nicht Streberei, nicht Absonderlichkeit; denn er hofft nichts weiter von dieser Welt, noch fürchtet er etwas von ihr. Er ist ernst, nüchtern, unauffällig, gesetzt, maßvoll, milde und so weit entfernt von Ungewöhnlichem und Herausforderndem in seinem Benehmen, daß ein oberflächlicher Beobachter ihn leicht für einen alltäglichen Menschen halten könnte.

Es gibt Leute, die meinen, Religion bestehe in Entrückungszuständen oder in wohlgesetzten Reden — der Christ gehört nicht zu diesen. Anderseits muß man zugeben, es gibt eine höchst gewöhnliche Gemütsverfassung, die nach außen ruhig, gesetzt, und aufrichtig erscheint, aber doch von der wahren christlichen Wesensart weit entfernt ist. . Es kostet keine Anstrengung, leidenschaftlos zu sein, wenn einer nichts empfindet, fröhlich zu sein, wenn einer nichts zu fürchten hat, großmütig und freigebig zu sein, wenn einer nicht vom Eigenen gibt, wohlwollend und rücksichtsvoll zu sein, wenn einer keine Prinzipien und keine Überzeugungen hat. Heutzutage zeigen viele einen guten Sinn für Maß und Billigkeit, nicht weil der Herr nahe ist, sondern weil sein Kommen in ihrem Erleben gar nicht vorhanden ist. Ruhige Freundlichkeit ist nicht schon an sich eine Gnade, sondern nur, wenn sie «aufgepfropft ist» auf den Stamm des Glaubens, des religiösen Eifers, der Selbsterniedrigung und des herzlichen Dienstwillens.

Möge es unsere Segnung sein, von einem Jahr zum andern Gnade zu Gnade zu fügen und einen Schritt nach dem andern aufwärts zu steigen — ohne das Niedere zu vernachlässigen, wenn wir das Höhere erreichen, und ohne nach dem Höheren zu streben, bevor wir das Niedere erreicht haben. Die erste Gnade ist Glaube, die letzte ist Liebe. Erst kommt Demut, dann Friede; erst redliches Bemühen, dann Ergebung.

PPS V. 5: 58/71; vgl. Dreves 79 ff. (23.Dezember 1839).

«Seid bereit, wachet und betet, denn ihr wißt nicht, wann es Zeit ist» (Mk 13, 33).. Eine barmherzige Mahnung für unser Ohr, uns nicht auf das zu verlassen, was wir sehen, nicht den Unglauben der Menge zu teilen, uns nicht mitreißen zu lassen von der Welt, sondern wachend und betend nach Christi Kommen auszuschauen. Wir sollen diese gütige Wahrheit, so bestimmt, feierlich, ernst, wie sie ist, stets in unserem Herzen bewahren.. So laßt uns die äußerst wichtige Frage erwägen, die einen jeden von uns so nahe angeht: was heißt «wachen», auf Christus warten? Er sagt: «Wachet, denn ihr wißt nicht, wann der Herr des Hauses kommen wird, zur Abendzeit oder zur Mitternacht, beim Hahnenschrei oder beim Frührot..» (Mk 13, 35 ff.). «Achtet auf euch selbst, damit ihr nicht von Völlerei und Trunkenheit oder von den Sorgen des Lebens beladen seid, wenn plötzlich jener Tag über euch kommt».. (Lk 21, 34 ff.). Im gleichen Sinne spricht Paulus zu den Römern: «Schon ist es Zeit, vom Schlafe aufzustehen; die Nacht ist vorgerückt, und der Tag ist nahe» (Röm 13, 11 f.); «Wachet, steht fest im Glauben, handelt männlich, seid stark!» (1 Kor 16, 13).. «Ziehet an die Rüstung Gottes, daß ihr zu widerstehen vermöget den Nachstellungen des Teufels» (Eph 6, 10).. Und ähnlich Petrus und Johannes in ihren Briefen..

Mich dünkt, das Wort «wachen» sei ein beachtenswertes Wort; beachtenswert, weil das, was es sagen will, sich nicht so leicht versteht, wie es auf den ersten Blick scheint — und weil alle diese Zeugen nicht müde werden, dasselbe einzuschärfen. Wir müssen nicht bloß glauben, sondern im Glauben wachen, nicht einfach lieben, sondern in der Liebe wachen, nicht einfach gehorchen, sondern im Gehorsam wachen. Wachen auf was? Auf das große Geschehen des Kommens Christi. Ob man nun frage, welches der nächstliegende Sinn des Wortes sei oder worauf es hinweise: offenbar werden wir dringend zu etwas aufgefordert, was uns sonst nicht von selbst in den Sinn käme. Und mir scheint, es gehöre dies zu dem, wodurch sich die Menschen, die Gott wahrhaft und vollkommen lieben, praktisch von der großen Menge der sog. Christen unterscheiden, von denen wir nicht wohl sagen können, sie seien falsche, verdorbene Menschen, nur können wir überhaupt kaum etwas sagen noch uns denken, was aus ihnen werden könnte..

Was heißt also wachen? Vielleicht läßt es sich so erklären: Kennst du im gewöhnlichen Leben das Gefühl, wenn man einen Freund erwartet, seiner Ankunft harrt, und er bleibt noch aus? Weißt du, was es heißt, in unangenehmer Gesellschaft zu sein mit dem Wunsche, die Zeit wäre vorüber und die Stunde schlüge, da man befreit wäre? Wißt ihr, was es heißt, in Sorge zu sein, um ein Ereignis, das eintreffen kann oder nicht, oder in Spannung sein auf etwas Wichtiges, was das Herz pochen macht, wenn es dir vor die Seele tritt und wenn es am Morgen dein erster Gedanke ist? Weißt du, was es heißt, einen lieben Menschen im fremden Lande zu wissen, Nachricht von ihm zu erwarten und sich täglich mit Spannung zu fragen: «Was mag er jetzt wohl tun, wird er sich wohl befinden?» Weißt du, was es heißt, mit jemand nahe zusammenzuleben, ihm mit den Augen zu folgen, in seiner Seele zu lesen, in seiner Miene auf jeden Wechsel zu achten, seine Wünsche vorwegzunehmen, zu lächeln mit seinem Lächeln, zu trauern mit seiner Trauer, niedergeschlagen zu sein, wenn er gequält einhergeht, und froh zu sein über seinen Erfolg? Wachen in Erwartung Christi — ein Gefühl, das allem Genannten ähnlich ist, soweit Gefühle dieser Welterfahrung imstande sind, etwas Jenseitiges anzudeuten.

Der wacht auf Christus hin, der empfänglich, regen Gemütes, mit lebendigem Interesse und mit Eifer ihn sucht und an seine Verherrlichung denkt; der nach ihm ausschaut in allem, was ihm begegnet, und nicht überrascht noch bestürzt noch verzweifelt wäre, wenn er ihn auf einmal kommen sähe. Und der wacht *mit* Christus, der bei seinem Ausschauen auf das Kommende zugleich des Vergangenen eingedenk ist und die Großtaten des Erlösers nicht betrachten kann, ohne zu denken: er litt für mich — der in sich selbst das Kreuz und Todesleiden des Herrn erneuert, gerne den Mantel der Schmerzen trägt, den Christus auf Erden trug und bei seinem Scheiden zurückließ.. Wachen also heißt losgelöst sein von dem Gegenwärtigen und dem Unsichtbaren leben, im Gedanken an Christus, der einst erschien und einst erscheinen wird, und aus liebender Erinnerung an sein erstes Kommen seinem zweiten Kommen entgegensehen. Und das fehlt gemeinhin den Menschen. .

Sie besitzen im allgemeinen manche guten Eigenschaften und sind in gewissem Maße auch religiös, aber sie wachen nicht. Ihr Begriff von Religion ist es gewiß, Gott zu lieben, aber ohne die Welt zu hassen. . Sie dienen Gott und suchen ihn, aber sie betrachten diese Welt, als wäre sie die ewige, nicht der vergängliche Schauplatz unserer Pflichten und Gnaden, und darum wollen sie möglichst nicht daran denken, daß sie sich von ihr lösen müssen. . Sie vergegenwärtigen sich nicht, daß sie berufen sind, «Fremdlinge und Pilger auf Erden zu sein» [Hbr 11, 13], daß ihr Los in dieser Welt und ihr irdischer Besitz nur etwas Zufälliges in ihrem Dasein ist, daß sie streng genommen, kein Eigentum haben, so sehr auch das menschliche Gesetz ihren Besitz anerkennen und schützen mag; darum hängen sie ihr Herz daran, mögen sie nun viel oder wenig besitzen, und wenn sie auch religiöse Gefühle haben, so haben sie doch auch ihren Götzen. . Und so kommen sie davon ab, Gott zu suchen, als hätten sie ihren Gott schon längst gefunden — in den irdischen Werten. Obschon sie also in mancher Hinsicht Lob verdienen, obschon sie wohlwollend und guttätig, freundlich, nachbarlich, dienstfertig, vielleicht sogar eifrig in Erfüllung ihrer religiösen Pflichten sind, wie es der alte Brauch sie gelehrt hat.., so lieben sie doch das Geld, die Ehre, Ansehen und Macht. Vielleicht bessern sie ihre Lebensführung, aber nicht ihre Ziele; vielleicht schreiten sie fort, aber sie steigen nicht auf; sie bleiben stets auf der gleichen Fläche, und würden sie durch Jahrhunderte fortschreiten, sie würden sich nie über den Dunstkreis der Erde erheben. Was ihnen fehlt, ist die geistige Haltung des Mannes, der sprach: «Ich will auf meinen Auslug steigen und auf der Zinne stehen, will ausschauen und sehen, was er mir sagen wird, und was ich antworten kann auf seinen Tadel» (Hab 2, 1)..

Der Atem der Welt hat eine besondere Kraft: er macht die Seele gewissermaßen rostig. Der Spiegel des Inneren, der das Bild des Gottessohnes wiedergeben sollte, ist trübe und blind geworden.. Es ist schwer, die Herzen zu berühren, oder wenn ich so sagen darf, an sie heranzukommen und sie für entschiedenes Handeln im Religiösen zu bewegen.. Es läßt sich wohl nicht bezweifeln, daß auch innerhalb der Kirche die große Mehrzahl aus Christen dieser Art besteht. Sie würden den Herrn, wenn er käme, nicht allsogleich willkommen heißen, und sie könnten es nicht. Es mag Ausnahmen geben, es mögen etliche da und dort anders sein; aber die große Masse, das sind · die Doppelseelen, welche Dinge vereinen möchten, die sich nun einmal nicht vereinen lassen.. Diese Mischung von Religion und Unglauben, da man Gott wohl dienen möchte und dient, aber zugleich die Gewohnheiten, Ehren, Vergnügen, Annehmlichkeiten dieses Lebens liebt, da man in behaglichen Verhältnissen lebt, an Aufwand und Eitelkeiten hängt, das Beste an Tisch, Kleidung, Einrichtung der Wohnung will, sich bei den Vornehmen einschmeichelt und eine Position in der Welt einnehmen möchte — davor warnt Jesus seine Jünger; er warnt sie vor der Gefahr, sich durch so viele Dinge von ihm abziehen zu lassen.., er warnt sie mit dem Beispiel des Reichen, dessen Seele noch diese Nacht gefordert wird, des Prassers, der aß und trank, und mit dem Beispiel der törichten Jungfrauen, die alle, wenn er kommt, keine Zeit mehr haben..

Jahr um Jahr geht lautlos hin, Christi Kommen ist immer näher als zuvor. O daß wir, je näher er uns kommt, um so näher dem Himmel kommen! Bitten wir ihn, daß er uns ein Herz schenke, das ihn aufrichtig sucht.. Er steht hinter der Scheidewand der sichtbaren Dinge; Erde und Himmel sind nur ein Vorhang, der uns von ihm trennt. Der Tag kommt, an dem der Vorhang fällt und er sich uns zeigen wird. Dann wird er uns vergelten je nach der Art, wie wir nach ihm ausschauten. Hatten wir ihn vergessen, wird er uns nicht kennen. Aber «selig der Knecht, den der Herr bei seinem Kommen wachend findet» (Lk 12, 37).

PPS IV. 22: 319–333; vgl. Dreves 37 ff. (3. Dezember 1837).

III

MYSTISCHE ZWIESPRACHE

ZUM ERHABENEN

Allmächtiger Gott, Du bist die unendliche Fülle. Von ewig bist du der Absolute, der einzig Absolute, der Inbegriff und die Heimat aller faßbaren, und was mehr ist, aller unfaßbaren Werte. Das glaube ich fest — es leuchtet meiner Vernunft ein, obwohl meine Vorstellung davon überwältigt wird. Ich glaube es fest und unbedingt, obschon es das schwierigste aller Geheimnisse ist. Ich glaube daran, weil ich tatsächlich Deine Segnungen an mir erfahren habe, die greifbaren Erweise Deines erhabenen Wesens und Deiner Vollkommenheiten, die sich meiner Vernunft gegenüber der Macht des Zweifels und der Verstandeschwierigkeiten immer wieder aufdrängen.

Ich glaube daran, weil ich von je es im Innersten spüre, so daß es unlöslich von meiner geistigen Existenz ist, es zu glauben; mein ganzes Dasein beruht auf dieser geistigen Tatsache; sie ist der Grund, darauf ich stehe, und mein Geist müßte in Stücke auseinanderbrechen, wollte ich nicht daran glauben. Ich glaube daran, weil mein innerstes Bewußtsein mir davon Zeugnis gibt: es ist eine Wirklichkeit, mir so gegenwärtig, daß ich für mein Empfinden eher mein eigenes Person-sein verleugnen könnte als Deines, und daß mir für den Glauben an die Wirklichkeit meines eigenen Daseins die Grundlage entschwände, wollte ich Deine Wirklichkeit leugnen.

Ich glaube daran, weil ich ohne Dich nicht leben könnte, mein Herr, mein Leben, und weil ich unaussprechlichen Segens gewärtig sein darf, indem ich Dir nahe bin.

Ich glaube daran, weil es mich schaudert, in dieser argen Welt ohne Halt und Schutz zu sein.

Ich glaube daran aus demütiger Liebe zu Dir, aus Freude an Deiner erhabenen Herrlichkeit und aus dem tiefen Verlangen, Dich groß, allein groß zu sehen.

Ich glaube daran um Deinetwillen, und weil ich gerne an Dich, den Herrlichen, den Vollkommenen, den Inbegriff des Schönen denke. «Es ist ein Gott, und keiner ist außer Ihm» [Mk 12, 32].

Du, ewiger Gott, bist ohnegleichen in Deiner Größe, so vollkommen in dieser Einzigkeit, daß man nur denken könnte, wenn Du schaffest, so müßtest Du abgründig fern von Deinen Geschöpfen sein: von ihnen getrennt durch Dein vorzeitliches Dasein, ehe sie anfingen, gesondert durch Dein erhabenes Anderssein und Deinen unbedingten Gegensatz zu ihnen. Was könntest Du ihnen aus Deinem Eigenen geben, daß es ihrem, von Deinem so verschiedenen Wesen gemäß sein könnte? Könnte etwas von Deinem Guten auch ihnen angehören, es sei denn in einem dürftigen äußeren Sinne?.. Denn was anders ist ein beliebiges Wesen Deiner Schöpfung, Herr, an Dir gemessen, als Nichtigkeit, ein bloßer Hauch, ein verwehender

Dunst, der kommt und verblaßt, ein armseliges Ding, das unter Deinem Blick, im Glanz Deines Angesichtes nur um so rascher dahinwelkt? Muß uns das nicht betäuben? Aus dem Vollkommenen kann nur Vollkommenes stammen — aber Du kannst nicht einen zweiten Gott schaffen, es wäre ein Widerspruch, und folglich kannst Du entweder überhaupt nichts schaffen, oder nur Wesen, die unendlich anders als Du und also gewissermaßen des Schöpfers unwürdig sind.

Was also kann ich mit Dir gemeinsam haben? Mein Gott, was bin ich, mit Dir verglichen, als ein Stückchen totes Gebein, ein schwaches, haltloses, elendes Wesen? Ich bin Dein Werk, und Du hast mich frei von Schuld geschaffen — aber wie kannst Du mich, auch wenn ich in meinem besten Stande bin, mit Wohlgefallen ansehen?

Wie kannst Du an mir Dein Bild in irgendeinem Sinn erkennen, mein Schöpfer? Wie ist das möglich, Herr? Du hast gesagt, Dein Werk sei gut, und der Mensch sei nach Deinem Bilde geschaffen — jedoch, ein unendlicher Abgrund ist zwischen Dir und mir, mein Gott.

Med. Chr. Doctr. XXI. 126/8.

Gott allgenügend

Der Sohn ist im Vater, und der Vater ist im Sohn. O anbetungswürdiges Geheimnis, das von Ewigkeit her war!

Ich bete Dich an, den unbegreiflichen Schöpfer, vor dem ich ein Atom, ein Wesen von gestern oder von der soeben vergangenen Stunde bin. Ein paar Jahre zurück, und ich war noch nicht da; ich war noch ungeboren, und die Welt ging ohne mich ihren Lauf. Du aber bist von ewig, und nichts könnte auch nur für einen Augenblick ohne Dich bestehen.

Von Ewigkeit hattest Du Dein Wesen; Du warst immer — o ehrwürdiges, wundertiefes Geheimnis! — der Sohn im Vater und der Vater im Sohn. Ob wir da seien oder nicht da seien, Du bist immer ein und derselbe: der Sohn allgenügend für den Vater, der Vater für den Sohn — und daneben ist alles andere, in sich selbst betrachtet, die reine Nichtigkeit. Es war einmal noch nicht da, und es konnte auch überhaupt nicht da sein — für den Vater wäre es doch genug, den wesensgleichen Sohn zu zeugen, und für den Sohn genug, im Schoße des ewigen Vaters zu ruhen.

O anbetungswürdiges Geheimnis! Nicht menschliche Vernunft hat es mir eingegeben, vielmehr, ich glaube es. Ich glaube, weil Du gesprochen hast, Herr. Ich nehme mit Freuden Deine Selbstbezeugung an. Du mußt wissen, was Du bist — wer sonst? Gewiß nicht ich, Staub und Asche — es sei denn, Du belehrest mich.

So nehme ich Dein Zeugnis mit festem Glauben an, mein Schöpfer. Ich spreche nach, was Du mir vorgesagt hast, und ich brauche es nicht zu verstehen. Gern lebe ich aus dem Glauben. Lieber Dir glauben, als mir selbst vertrauen.

Großer Gott, von Ewigkeit hast Du Dir selbst genügt. Der Vater genügte dem Sohn, und der Sohn dem Vater. Bist Du also nicht genug für mich armes Geschöpf? Du so groß, ich so klein!

Im Vater und Sohn finde ich das zwiefach Allgenügende. So will ich mit dem Wort des Apostels Philippus sagen: «Zeige uns den Vater, und es genügt uns!» [Joh 14, 8]. Es genügt uns, denn wenn wir Dich haben, so sind wir überreich.

Gewaltiger Gott, stärke mich mit Deiner Kraft, erfreue mich mit Deinem immerwährenden Frieden, stille mich mit der Schönheit Deines Angesichtes, erleuchte mich mit Deiner ungeschaffenen Klarheit, reinige mich mit dem Duft Deiner unaussprechlichen Heiligkeit, laß mich in Dich untertauchen und gib mir zu trinken — wenn ein sterblicher Mensch so bitten darf — von den Bächen Deiner Gnade, die dem Vater und Sohn entströmen, von der Gnade der wesensgleichen, gleich ewigen Liebe!

Mein Gott, laß mich nie die Wahrheit vergessen, daß Du nicht nur mein Leben, sondern auch mein alleiniges Leben bist! Du bist «der Weg, die Wahrheit und das Leben» [Joh 14, 6]. Du bist mein Leben und das Leben aller, die Leben haben. Keiner von den Menschen, die ich kenne, keiner von denen, die mir begegnen, die ich sehe und höre, können anders leben als in Dir. Sie leben in Dir oder leben überhaupt nicht. Niemand kann anders das Heil erlangen als von Dir.

Laß mich dies nie in den Geschäften des Tages vergessen! Gib mir eine wahre Liebe zu den Seelen — zu ihnen, für die Du gestorben bist. Gib mir, daß ich für ihre Hinkehr zu Dir bete und das Meine dazu beitrage, daß es geschehe. Mögen Menschen auch noch so tüchtig, noch so liebenswürdig, noch so hochgestellt und ausgezeichnet sein — niemand kann das Heil erlangen, er habe denn Dich.

Mein allgenügender Gott, Du allein bist genug. Deine Erlösungstat ist genug für die ganze Welt. Wie Du mir genügest, so bist Du genügend für das ganze Geschlecht der Adamskinder.

Herr, Jesus Christus, mache, daß Dein Kreuz nicht nur hinreichend für sie sei: gib, daß es auch wirksam an ihnen werde! Es soll mir mehr bedeuten als alles, damit ich nicht, während ich «alles habe und überreich habe» [Phil 4, 18], keine Frucht zur Reife bringe.

Med. Chr. Doctr. VIII. 68/70.

Der wunderbare Schöpfer

Ewiger, unbegreiflicher Gott, ich glaube an Dich, ich bekenne Dich, ich bete Dich an. Du bist unendlich wunderbarer, machtvoller, unermeßlicher als dies Weltall, von dem ich aus natürlichen Quellen weiß. Ich schaue in die Tiefe des Raumes, in dem die Sterne ausgestreut sind, und erkenne, daß ich Millionen von Jahren brauchte, um ihn auch nur obenhin vom einen Ende zum andern zu durchmessen, wenn es Brücken dafür gäbe. Ich betrachte das überwältigend vielgestaltige, überwältigend reiche System Deiner Schöpfung; die Elemente, Urkräfte, Gesetze und Wirkungen, die zu ihrem Aufbau gehören. Ich versuche, die mannigfachen Wissenschaften und Künste zu überschauen, die sich damit befassen können, und ich weiß, daß ich viele Menschenalter nötig hätte, um alles zu lernen, was über dieses Universum wißbar ist, vorausgesetzt, ich hätte die geistige Fähigkeit, alles zu erfassen. Neue Wissenschaften, die man heute noch gar nicht ahnt, würden, kaum daß die alten gemeistert wären, aufsteigen, und jeweils heutige Ergebnisse wären nichts anderes als Ausgangspunkte für morgen.

Zugleich sehe ich die wunderbare Schönheit Deiner Schöpfungswerke, und je mehr ich mich darein vertiefe, um so mehr ergreift sie meinen Geist.

So müßte ich nach der Betrachtung der stofflichen Welt noch einmal von vorne beginnen und finde eine neue, geistige Welt: die Welt der Erkenntnis, höhere und wundervollere Reiche des Geistes, die Welt der Engel und anderer Geister und die Menschenwelt.

Und doch ist alles, ja alles, was diese Welten umspannen, Hohes und Niederes, gewissermaßen nur ein Pünktchen im Vergleich zur Größe, Erhabenheit, Tiefe und Herrlichkeit, die Deine Heiligen voll Entzücken schauen, da sie Dich schauen. Es ist der Inhalt unserer Ewigkeit, immer neu, immer unerschöpflich, unaussprechlich entzückend, es ist der Lebensgrund

und die Seligkeit unseres Daseins, dies in uns hineinzutrinken und eintauchend in Dich aufzugehen.

Mein Gott, Dich zu erkennen, wie Du allein Dich erkennen kannst, war von ewig Deine Glückseligkeit, so wie es dies in alle Ewigkeit ist. Dich zu schauen in Deinem wesensgleichen Sohn und im gleich ewigen Geist — von ihnen geschaut zu werden —: darin sind Vater, Sohn und Heiliger Geist, der Eine Gott in den Personen, unendlich selig.

Mein Gott, was bin ich, daß Du mir eine Seligkeit geben willst, die im gleichen besteht, was Deine eigene Seligkeit ausmacht, daß Du mich begnadest, nicht bloß Dich zu schauen, sondern teilzuhaben an Deiner eigenen Freude! O bereite mein Herz dafür und leite mich an, darnach zu dürsten!

Med. Chr. Doctr. XX. 124/5.

«Aus Ihm, durch Ihn, in Ihm»

Ich bete Dich an, mein Gott, als den Ursprung und die Quelle alles dessen, was in der Welt ist. Einst gab es nichts, was da war, als Du; und so war es eine ganze Ewigkeit. Du allein hast keinen Anfang; Du bist immer dagewesen, ohne anzufangen. Du warst, kraft absoluter Notwendigkeit, von ewig aus Dir selbst, und alle Vollkommenheit war Dir durch Dich selbst in Fülle zu eigen, eine Welt der Welten, ein unermeßlicher Abgrund alles Großen und Wunderbaren,

Schönen und Heiligen, ein Schatz unendlicher Herrlichkeiten, und alle eins, und doch unendlich mannigfaltig.

Mein Gott, der Gedanke geht einfachhin über die Kräfte aller geschaffenen Wesenheiten, um so mehr der meinen. Ich reiche nicht hin, ich kann nur Worte machen und sagen: «Ich glaube», ohne zu verstehen.

Dies aber kann ich; ich kann Dich anbeten, großer, guter Gott, als die alleinige Quelle alles Vollkommenen. Und so tue ich es, und ich will es mit Deiner Gnade immer so halten.

Alle andern Wesen, die mit der Zeit ins Dasein traten, erhielten ihr Leben durch Dich. Sie fingen nicht aus sich selber an. Nur durch Deinen förmlichen Willen, durch Deinen ewigen Ratschluß, durch Dein alleiniges Wirken traten sie in ihr Dasein. Sie sind ganz und gar von Dir. Von ewig, im tiefen Meer Deiner Seligkeit, bestimmtest Du jedem Wesen die Stunde, da es antreten sollte. Kein noch so unbedeutendes Ding ist ohne Deinen Plan und Dein Vollbringen; noch weniger wäre eine Seele ohne Deinen besonderen Vorsatz und Deine Schöpfertat in ihr Dasein getreten.

Du siehst ein jedes Deiner Geschöpfe und hast es von aller Ewigkeit her gesehen. Auch mich, o Gott, hast Du von ewig gesehen. Du siehst mit völliger Sicherheit und hast von je gesehen, ob ich zum Heil gelangen werde oder nicht.. Welch schauervoller Gedanke! Mein Gott, gib mir die Kraft, ihn zu tragen — sonst müßte es mich aufs äußerste verwirren, an Dich zu denken — und leite mich vorwärts meinem Heile zu!

Ich glaube, und auch das vernünftige Denken sagt mir, daß alles, was ist, in Dir lebt. Alles, was es an Dasein, Leben, Schönheit, Freude und Seligkeit in der ganzen Schöpfung gibt, ist seinem Wesen nach, einfachhin und ohne Vorbehalt Dein. Alle Wesen besitzen, was sie Gutes haben, indem sie aus dem Meere Deiner unendlichen Vollkommenheit schöpfen. Alles Schöne und Erhabene in der sichtbaren Welt ist ein Schatten oder ein Lichtstreifen Deines Wesens, ist Offenbarung oder Wirkung auf geschöpfliche Weise der einen oder anderen Deiner Herrlichkeiten. Alles Wunderbare an Begabung oder Genie ist nur ein erbärmlicher Abglanz des winzigsten Fünkleins Deines ewigen Geistes. Alles, was wir Gutes vollbringen, geschieht nicht nur mit Deiner Hilfe, sondern ist schließlich nur ein dürftiges Nachbild jener Heiligkeit, die Dir in Fülle eignet.

Mein Gott, werde ich eines Tages Dich schauen dürfen? Welcher Anblick könnte diesem gewaltigen Anblick gleichen? Die Quelle der Gnade, die mich erleuchtet, mich stärkt und tröstet — werde ich einmal sie schauen dürfen? So wie ich aus Dir stamme, so wie ich durch Dich geschaffen bin, und wie ich in Dir lebe, so, mein Gott, möchte ich schließlich heimkommen dürfen zu Dir, und immerdar bei Dir sein.

Med. Chr. Doctr. XVII. 115/7.

DER SICH-SCHENKENDE

Herr, Du besitzest eine Vollkommenheit, die nicht übertragbar ist — und doch ist die Allmacht, mit der Du schaffst, auch fähig, sich den geistigen Wesen mitzuteilen, die Du geschaffen hast. Dein allmächtiges Leben will ja nicht töten, sondern lebendig machen.

Du bist immer Du selbst, der gleiche in seinem Wesen — und doch strömt immerzu eine Kraft von Dir, und unsere Kraft und unser Gutes rührt daher, daß Deine Macht uns anrührt.

Das Wie verstehe ich nicht; mein vernünftiges Denken läßt mich hier im Stich. Doch finde ich Hinweise in der Natur, und durch den Glauben bin ich gewiß, daß es wahr, wenn auch geheimnisvoll ist. Durch Dich überbrücke ich den Abgrund, der uns von Dir trennt. Der lebendige Gott ist lebenspendend.

Du bist die Quelle, die Mitte und der Sitz alles Guten. Die Spuren Deiner Herrlichkeit sind überall, gleich den vielfarbenen Strahlen der Sonne, über das Antlitz der Natur ausgestreut, ohne daß Deine Vollkommenheiten davon beeinträchtigt oder Dein erhabenes, unnahbares Wesen verkürzt würde.

Das Wie verstehe ich nicht, aber es ist so. Du bist der Eine und Einzige, unendlich fern von allem und doch Inbegriff von allem. In Dir hat es Bestand, an Dir hat es Teil und in Dir geht es auf, so wahr es das eigene Sein behält, und so hinfällig und nichtig wir in unserem eigenen

Sein sind, wir leben durch Deinen Odem, und Deine Gnade befähigt uns, Deine Gegenwart zu ertragen.

So mache mich Dir ähnlich, mein Gott: Du vermagst es, trotz meiner, und so kann es mir geschehen. Sieh mich an, mein Schöpfer! Erbarme Dich des Werkes Deiner Hände, auf daß ich in meiner Schwäche nicht vergehe! Nimm hinweg das Stumpfe meiner Natur, damit mir dadurch möglich sei, was mir so nötig ist. Vor der ganzen Welt hast du unwiderstehlich dargetan, daß es möglich ist: Du hast Dich selbst mit unserer geschaffenen Natur bekleidet und hast sie zu Dir emporgehoben.

Laß an mir die Segnung dieser wundervollen Wahrheit verwirklicht werden, da sie vor aller Augen gesichert und verbürgt ist. Gib mir auch persönlich, was Du in Christus der menschlichen Natur verliehen hast; laß mich «teilhaft werden Deiner göttlichen Natur» [2 Ptr 1,4], des ganzen Reichtums ihrer Eigenschaften, die in Wesensfülle und persönlichem Besitze dem Sohne Marias zukamen. Gib mir, soweit ich dessen bedarf, jenes Leben, das in Fülle in Ihm, dem Leben der Menschen, angelegt war.. Nimm von mir das Schlaffe, Reizbare, Empfindliche, Ohnmächtige, Verwirrte, das meine Seele gefangenhält, und erfülle sie mit Deinem Reichtum! Hauche mich an, daß die toten Gebeine leben; hauche mich an, mit dem Odem, der Kraft einflößt und Glut entzündet!

Indem ich um Glut bitte, bitte ich um alles, was mir nötig sein kann und was Du verleihen kannst: sie ist die höchste Gabe, der Inbegriff der seelischen Werte, und nur wenn alle vorhanden sind, kann sie wahrhaft und in Fülle da sein. Sie ist deren Schönheit und Herrlichkeit, wie sie deren beständiger Hüter ist. Indem ich um Glut bitte, bitte ich um wirkliche Stärke und Stetigkeit und Beharrlichkeit; ich bitte um das Hinsterben aller menschlichen Antriebe, um die reine Absicht, Dir wohlzugefallen; ich bitte um Glauben, Hoffnung, Liebe in ihrer vollen himmlischen Entfaltung. Indem ich um Glut bitte, bitte ich um Bewahrung vor Menschenfurcht und vor Verlangen nach ihrem Lobe. Indem ich um Glut bitte, bitte ich um die Gnade des Gebetes, welches beseligt, bitte um die ehrliche Auffassung meiner Pflicht, die aus verlangender Liebe entspringt, bitte um Heiligkeit, Friede und Freude. Indem ich um Glut bitte, bitte ich um die strahlende Schönheit des Cherub, das Feuer des Seraph, die Reinheit aller Heiligen. Indem ich um Glut bitte, bitte ich um dasjenige, was mir im besonderen fehlt, weil darin alle guten Gaben beschlossen wären: nichts würde mich anfechten, nichts mir schwer fallen, wenn ich die Glut der Seele hätte.

Indem ich um Glut bitte, Herr, bitte ich um Dich selbst; um nichts weniger als um Dich, mein Gott, der sich ganz für uns hingegeben hat.

Komm wesenhaft und persönlich in mein Herz und erfülle es mit Glut, indem Du es mit Dir selbst durchdringst.

Du allein kannst den inneren Menschen erfüllen, und Du hast es verheißen. Du bist die

Flamme der Liebe, die immerdar von Liebe zu Menschen brennt. Komm in mich und entzünde in mir die Glut, die mich Dir, meinem Urbild, ähnlich macht!

Med. Chr. Doctr. XXII. 129/31.

Der Wandellose, des Wandelbaren Halt und Ziel

I.

Alles hienieden ist in Wandlung begriffen. Ich weiß es, Herr, ich glaube es, und ich werde es um so mehr innewerden, je länger ich lebe.

Vor Deinen Augen, erhabener Herr, liegt die ganze Zukunft meines Lebens offen. Du weißt genau, was mir jedes Jahr und jeden Tag bis zu meiner letzten Stunde begegnen wird. Ich weiß nicht, wie mein Los vor Dir aussieht; aber eines weiß ich, daß Du mein Leben in steter Wandlung begriffen siehst. Kein Jahr wird mich so verlassen, wie es mich vorgefunden hat, weder im Innern noch im Äußern. Ich werde niemals für eine längere Weile im gleichen Zustande sein.

Wieviel wird mir gewiß begegnen, was unerwartet, überraschend und schwer zu tragen ist! Ich weiß es im einzelnen nicht. Ich weiß nicht, wie lange ich zu leben habe. Es geht mit mir weiter durch steten Wechsel, ob ich wolle oder nicht.

Mein Gott, worauf kann ich mich verlassen? Es gibt nichts, worauf ich mich stützen könnte.

Ja, wollte ich mir irgend etwas auf der Welt zu meinem Halte nehmen, ich glaube, es würde mir eben deshalb genommen werden. Ich weiß, Du würdest es mir nehmen, weil Du mich liebst.

Alles außer Dir, Herr, ist wandelbar. Du allein beharrest. Du bist immer ein und derselbe, immer der wahre Gott der Menschen, und dies ohne Veränderung. Du bist das ausnehmende, kostbare Gut und bist zugleich das Bleibende. Das Geschöpf ist in Veränderung, der Schöpfer nie; nur dann kann das Geschöpf die Veränderung aushalten, wenn es in Dir seine Stütze hat.

Dich schauen die Engel und sind in Frieden, und darum genießen sie vollkommene Seligkeit. Sie können ihre Seligkeit nie verlieren, weil sie Dich nie verlieren können. Sie haben keine Angst, noch Besorgnisse; denn sie lieben den Schöpfer; sie lieben nicht etwas Zeitliches, Sinnenhaftes, sondern «Jesus Christus, derselbe gestern, heute und in Ewigkeit» [Hbr 13, 8].

Mein Herr, mein einziger Gott, mein Gott und mein alles, laß mich nie dem Nichtigen nachgehen! «Eitelkeit der Eitelkeiten, und alles ist eitel» [Pr 1, 2]. Alles hienieden ist Eitelkeit und flüchtiger Schatten. Laß mich nicht mein Herz so an etwas Irdisches hängen, daß ich von Dir weggezogen würde. Halte mich fest, mein ganzes Wesen! Bewahre dieses so schwache Herz und diesen so armen Geist in Deiner göttlichen Hut! Ziehe mich an Dich in der Morgenfrühe, des Mittags und Abends, daß ich mich Deiner erfreue. Sei Du mein strahlendes Licht, zu dem ich aufschaue, um Führung und Frieden zu empfangen.

Herr Jesus, gib, daß ich Dich liebe, mit reiner Gesinnung und mit Innigkeit. Gib, daß ich Dich mit dem Eifer und mit noch größerer Liebe, als Weltmenschen das Irdische, liebe. Gib mir solche Innigkeit und Stetigkeit in der Liebe zu Dir, wie die Menschen der Welt sie an den Tag legen, wenn es um Irdisches geht. Laß mich erkennen und innewerden, daß Du allein meine Freude, meine Zuflucht, meine Kraft, mein Trost, meine Hoffnung bist — das einzige, was ich fürchte und liebe.

Med. Chr. Doctr. III. 33/5.

II.

Du allein, mein Gott, bist, was Du immer warst. Wir Menschen verändern uns, Du bist unverändert — und selbst Mensch geworden, bist Du immer derselbe.. Dein Wort hat Bestand im Himmel und auf Erden; Deine Ratschlüsse gelten, Deine Gnadengaben unterliegen keiner Reue, Dein Wesen und Deine Eigenschaften sind immer die gleichen. Du warst von ewig der Vater, von ewig der Sohn, von ewig der Heilige Geist.

Ich bete Dich an in Deinem wandellosen Frieden und in Deinem wandellos heiteren Licht. Ich bete Dich an in Deinem ewig klaren Himmel, der Du selber bist. Du warst vollkommen von Anbeginn; Du konntest nichts gewinnen und nichts verlieren; nichts konnte Dich beeinträchtigen, weil es nichts gab, als was Du schufest und was Du vernichten könntest. Ich bete Dich an in Deiner unendlichen Stetigkeit, die alles Geschaffenen Halt und Mitte ist.

Wir Menschen sind immer in Wandlung begriffen. Kein Tag, an dem ich nicht dem Grabe näherkäme. Gleichviel, in welchem Lebensalter ich stehe und wie viele Jahre ich zähle — der Zwischenraum zwischen Zeit und Ewigkeit wird beständig kleiner.

Auch mein eigenes Selbst wird von dem Wandel berührt. Die Jugend ist nicht wie das Alter; ich ändere mich immerfort mit der Zeit, von der Jugend bis zum Lebensende. Mein Gott, wie doch die Kräfte im Lauf der Wanderschaft ständig abnehmen, und ohne Unterbruch vollzieht sich der Abbau in die stofflichen Ursprünge! Meine Seele freilich kann nicht sterben, denn Du hast sie unsterblich geschaffen; aber die leibliche Gestalt fällt unaufhörlich in den Staub zurück, aus dem sie genommen wurde.

Alles unter dem Himmel ist in Verwandlung: Frühling, Sommer, Herbst — alles hat seine Zeit. Auch die Schicksale der Welt verändern sich: was hoch stand, sinkt, und das Niedrige steigt; Besitztümer bekommen Flügel und fliegen fort; Reiche werden zu Armen, Freunde werden zu Feinden und umgekehrt; unsere Wünsche, Ziele und Pläne wechseln. Es gibt nichts, das Bestand hat, als Du, mein Gott. Du bist die Mitte, das Leben aller, die in all ihrem Verwandelt-werden Dir als dem Vater vertrauen, zu Dir aufschauen und sich getrost in Deine Hand legen.

Ich weiß, mein Gott, daß ich mich wandeln muß, soll ich Dein Antlitz schauen. Die Verwandlung des Todes muß über mich kommen. Leib und Seele müssen dieser Welt absterben, und mein wirkliches Selbst, meine Seele, muß eine wahre Neugeburt erfahren, die sie verwandelt. Nur der Heilige kann Dich schauen. Wie Petrus kann ich nicht schon jetzt eine Glückseligkeit genießen, die mir erst später einmal zuteil werden soll: «Du kannst mir jetzt nicht folgen, aber später wirst Du mir folgen» [Joh 13, 36]. O stärke mich in dieser großen Wandlung voll Ernst und Seligkeit, die ich durchlaufe, mit der Gnade Deiner Wandellosigkeit!

Meine Wandellosigkeit hienieden liegt darin, daß ich mich stets verwandle. Laß mich Tag für Tag nach Dir umgestaltet und im steten Aufblick zu Dir, auf Deinen Arm gestützt, von Herrlichkeit zu Herrlichkeit verwandelt werden!

Ich weiß, Herr, ich muß durch Prüfung, Versuchung und viel Kampf hindurchgehen, soll ich zu Dir gelangen. Ich weiß nicht, was vor mir liegt, aber dies weiß ich. Ich weiß auch, daß ich mich zum Schlechten statt zum Guten wandle, wenn Du nicht bei mir bist. Welches Los meiner warten mag, ob ich reich sei oder arm, gesund oder krank, mit Freunden oder ohne Freunde — alles wird mir zum Schlimmen ausschlagen, wenn nicht der Wandellose mich hält; und alles wird mir zum Guten gereichen, wenn ich Jenen

bei mir habe, der «heute und morgen und in
Ewigkeit derselbe ist».

Med. Chr. Doctr. IX. 71/3.

Das große Licht

Ich bete Dich an, mein Gott, als das wahre
und einzige Licht. Von Ewigkeit zu Ewigkeit,
ehe geschaffene Wesen da waren, als Du allein
warst — allein, aber nicht einsam: denn Du
warst immer drei in einem — da warst Du das
unendliche Licht. Niemand war, der Dich hätte
schauen können, als Du selbst. Der Vater sah
das Licht im Sohne, und der Sohn im Vater.

So wie Du im Anfang warst, so bist Du auch
heute: in Deinem unerschaffenen Glanze ganz
verschieden von allen Deinen Geschöpfen, über
alles herrlich und über alles schön. Deine Eigenschaften sind so mannigfach leuchtende Farben,
jede so vollkommen in ihrer Reinheit und
Schöne, als wäre sie die einzige und erhabenste
Deiner Herrlichkeiten.

Nichts Geschaffenes ist mehr denn ein Schatten von Dir. So herrlich die Engel sind, sie sind
arme und unvollkommene Bilder Deines Wesens; sie verblassen und dunkeln und sinken hin
vor Dir und sind vor Dir so schwach, daß sie
Deinen Anblick nicht ertragen können. Die er-
habensten Seraphe verhüllen ihr Antlitz, indem
sie in Wort und Werk Deine unaussprechliche
Herrlichkeit künden.

Ich selbst bin nicht einmal fähig, in die Sonne zu sehen, die doch nur Dein Gleichnis in der niederen physischen Ordnung ist. Wie wäre ich fähig, einen Engel anzuschauen? Wie könnte ich also meine Augen auf Dich richten und leben? Wie Gras müßte ich hinsinken, würde ich in den Lichtkreis Deines Angesichtes geraten.

Barmherziger Gott, wer darf Dir nahen in Deiner Herrlichkeit? Jedoch, wie soll ich Dir ferne bleiben?

Kann ich denn überhaupt Dir ferne bleiben? Denn Du, das Licht der Engel, bist auch das einzige Licht meiner Seele. Du «erleuchtest jeden, da Du in diese Welt kommst» [vgl. Joh 1, 9]. Ohne Dich bin ich im äußersten Dunkel, so finster wie die Hölle; ich welke hin und verdorre, wenn Du fort bist; ich lebe nur auf in dem Maße, wie Du mir aufgehst.

Du kommst und gehst nach Deinem Gefallen. Mein Gott, ich kann Dich nicht halten. Ich kann Dich nur bitten zu bleiben: «Herr, bleibe bei uns, denn es will Abend werden!» [Lk 24, 29]. Bleibe bis zum Morgen und gehe nicht fort, ohne mich zu sehen! Bleibe bei mir in diesem dunklen Tale bis zum Tode, bis die Finsternis enden wird!

Bleibe, Du Licht meiner Seele: es wird schon Abend! Die Dämmerung, die nicht von Dir rührt, kommt mir näher. Ich bin nichts, ich habe wenig Gewalt über mich selbst; ich kann nicht tun, was ich möchte, bin trostlos und traurig: ich leide Not um etwas, ich weiß nicht, um was.

Du bist es, was mir not tut, obschon ich es so wenig verstehe. Ich bekenne es und stehe dazu aus Glauben. Teilweise verstehe ich es, aber nur wenig.

Leuchte mir, «brennendes, nie verlöschendes Feuer!» [vgl. Ex 24, 17; 3, 2] — und ich werde anfangen, durch Dein Licht, «in Deinem Lichte das Licht zu schauen» [Ps 35, 10] und die Wahrheit als die Quelle des Lichtes zu erkennen.

Bleibe bei uns! Guter, verweile für immer! Und während meine Natur dahinfällt, gib mir wachsende Gnade!

Bleibe bei mir, und ich werde anfangen zu leuchten, wie Du leuchtest; ich werde anfangen, so zu leuchten, daß ich andern ein Licht sein kann. Das Licht, Herr Jesus Christus, wird ganz von Dir sein; nichts davon wird mein eigen sein. Kein Verdienst gehört mir; Du wirst durch mich auf andere scheinen.

Laß mich denn so Dich verherrlichen, wie es Dir am meisten gefällt, indem ich allen in meinem Umkreis leuchte. Gib ihnen Licht, so gut wie mir — leuchte ihnen mit mir, durch mich! Lehre mich, Deinen Lobpreis, Deine Wahrheit, Deinen Willen zu verkünden! Laß mich Dich predigen, ohne zu predigen; nicht durch Worte, sondern durch mein Leben, durch die geheime Kraft und den gewinnenden Einfluß meines Tuns, durch meine sichtbare Ähnlichkeit mit Deinen Heiligen und durch die offenkundige Fülle der Liebe, die mein Herz Dir entgegenbringt.

Med. Chr. Doctr. VII. 65/7.

Mein Gott, ich bete Dich an als den Allsehenden. Du erkennst auf ganz andere, höhere Weise, als Geschöpfe erkennen. Wir erkennen durch Wahrnehmen und Nachdenken, und es gibt weniges, dessen wir auf andere Weise gewahr werden. Aber wie anders ist dies unser Wissen nicht bloß im Umfang, sondern auch seiner Natur und Eigenschaft nach von Deinem Wissen! Die Engel wissen viel, aber mit Deinem Wissen verglichen, sind sie unwissend. Die menschliche Seele, die Du selbst in Deiner Menschwerdung angenommen hast, war von Anfang an mit allem der menschlichen Natur erreichbaren Wissen begabt; und doch war auch dies nur ein Tropfen gegenüber der abgründigen Tiefe und reinen Klarheit, die Deinem göttlichen Wissen eigen ist.

Wie könnte es anders sein, mein Gott? Von Anfang an, von ewig warst Du aus Dir selbst, und Deine Seligkeit beruhte auf der Erkenntnis und Anschauung Deiner selbst, indem der Vater sich selbst im Sohn und Geist, und diese hinwieder sich gegenseitig und im Vater schauten — ein unendliches Begreifen des Unendlichen. In dieser vollkommenen Schauung des Unendlichen siehst Du dasjenige, was unendlich über allem und größer als alles ist. Alles, was im All beschlossen ist, ist schließlich zusammengenommen nur endlich; endlich, wenn auch die Grenzen nicht feststellbar sind; endlich, wenn auch noch so vielgestaltig; endlich, wenn auch wunderbar sinnreich, herrlich, gewaltig. Du aber bist der unendliche Gott, und da Du Dich selbst erkennst, wieviel mehr erkennst Du das ganze Weltall, so ungeheuer weit, verwickelt und mannigfach es in seinem Gesamtbestande ist.

Großer Gott, Du weißt alles, was in der Welt ist, da Du es selbst geschaffen hast. Sie ist das Werk Deiner Hände. Du bist allwissend, weil Du allschaffend bist. Du kennst ein jedes Teilchen, so winzig es sei, gleich vollkommen wie das Ganze. Du siehst die geistige Welt so vollkommen wie die Körperwelt. Du erkennst die Gedanken und Ziele jeder einzelnen Seele so vollkommen, als gäbe es nur diese eine Seele in der ganzen Schöpfung.

Du erkennst mich durch und durch. All mein Vergangenes, Gegenwärtiges und Künftiges steht vor Dir als ein Ganzes. Du siehst auch die ganz leisen, flüchtigen Regungen meines Denkens, die mir selbst entgehen: Du kannst jeden inneren Vorgang, ob Gedanken oder Tat, zu seinem Ursprung zurückverfolgen und ihm in seiner Entwicklung und seinen Auswirkungen nachgehen. Du weißt, wie es mit mir am Ende bestellt sein wird. Vor Deinem Auge steht die Stunde, da ich vor Dir erscheine, um das Gericht entgegenzunehmen. Wie schauervoll ist das Wissen, daß ich mich einmal Aug in Aug vor meinem Richter befinden werde!

Und doch, Herr, möchte ich es nicht anders haben. Ich möchte nicht, daß Du mich nicht känntest. Zu wissen, daß Du in meinem Herzen liesest, ist mein stärkster Halt.

O mehre in mir diese letzte Offenheit und Redlichkeit, nach der mein Verlangen steht. Bewahre mich davor, daß ich Dein Auge scheue, vor Deinem Blick erschrecke. Bewahre mich vor dem heimlichen Bewußtsein, daß ich nicht ernstlich Dein Wohlgefallen suche. Hilf mir, daß ich mehr und mehr Dich liebe. Dann werde ich in Frieden sein und keinerlei Angst vor Dir haben.

Med. Chr. Doctr. XVIII. 118/20.

Der Vorsehende

Ich bete Dich an, mein Gott; denn Du verfügst über die Ziele und Wege aller Wesen, die Du geschaffen hast. Du hast ein jedes für seine eigene Bestimmung ins Dasein gerufen, und Du führst es seinem Ziel entgegen.

Die Bestimmung, die Du von Anfang an dem Menschen vorgezeichnet hast, ist, Dich zu verehren und Dir zu dienen und darin sein eigenes Glück, eine selige Ewigkeit an Seele und Leib in Gemeinschaft mit Dir für immer zu finden.

So hast Du es vorgesehen, und zwar für jeden Menschen. Wie Deine Hand und Dein Auge auf der niederen Schöpfung ruhen, so auch auf uns. Du erhältst alles am Leben und in Tätigkeit für sein Ziel. Alles, was lebt, ist vor Deinem Auge; Du gibst ihm Leben, solange seine Zeit währt. Kein Sünder, kein Heide, kein Lästerer oder Gottesleugner lebt anders als durch Dich, und damit er zur Besinnung komme. Du sorgst voll Liebe für jedes einzelne Wesen, das Du geschaffen hast, als wäre es das einzige in der ganzen Welt. Denn Du kannst sie allzumal in ihrem jeweiligen Besonderen sehen, und Du liebst mit der ganzen Fülle Deiner Vollkommenheiten ein jedes in diesem seinem sterblichen Leben und behältst ein jedes immer im Auge, als wolltest Du um seines besonderen Wertes willen seiner warten und ihm dienen.

Mein Gott, es ist mir eine Freude, Dich zu betrachten; eine Freude, Dich anzubeten, der Du allerorten und allzeit so wunderbar wirkst.

Alles, was Deine Vorsehung wirkt, kommt von Liebe. Wenn Du uns Übel schickst, ist es in Liebe. Alle Übel der äußeren Welt haben ihren tiefsten Sinn in etwas Gutem oder sind unvermeidliche Begleiter dieses Gutes Deiner Geschöpfe, und Du wendest sie zum Guten. Du suchst die Menschen mit Leiden heim, um sie zur Buße zu bereiten, um ihre sittliche Kraft zu steigern, um daraus um so größere Werte zu ziehen. Nichts geschieht umsonst, alles hat seine heilsamen Gründe. Du strafst, aber im Zorn bist Du Deiner Barmherzigkeit eingedenk. Selbst wenn Deine Gerechtigkeit über den unbußfertigen Sünder hereinbricht, an dem sich Deine liebreichen Vorkehrungen erschöpft haben, geschieht es um der andern willen, um sie barmherzig vor Ansteckung zu bewahren und zu warnen.

Herr, mit unbedingtem, festem Glauben bekenne ich auch in Deinen unerforschlichen Gerichten und unbegreiflichen Ratschlüssen die Weisheit und Güte Deiner Vorsehung.

Mein Gott, mein ganzes Leben war eine Kette von Gnaden und Wohltaten für ein Wesen, das ihrer gänzlich unwürdig war. Ich habe es nicht nötig, an Deine Vorsehung zu *glauben*; denn eine lange Erfahrung bezeugt mir die Fürsorge, die Du mir zugewandt hast. Jahr um Jahr hast Du mich geführt, hast Gefahren von meinem Pfade ferngehalten, hast mich geheilt, gestärkt, erfrischt, mich geduldig ertragen, mich geleitet und mich gestützt. O versage Dich mir nicht, wenn meine Kräfte versagen!

Nein, Du willst mich nie verlassen, ich kann mich sicher auf Dich verlassen. So schuldbeladen ich bin — solange ich wahr zu Dir bin, wirst Du doch, und bis zum Ende, mir Deine Treue in überreichem Maße erzeigen. Ich darf in Deinen Armen ruhen und schlafen an Deiner Brust. Gib mir nur und mehre in mir die wahre Treue zu Dir, das Band des Bundes zwischen Dir und mir, das Unterpfand in meinem Herzen und Gewissen, daß Du, der erhabene Gott, das armseligste Deiner Kinder nicht verlassen wirst.

Med. Chr. Doctr. XIX. 121/2.

Für meine Sendung

Gott hat mich für einen bestimmten Dienst geschaffen; er hat mir ein Werk anvertraut, das er keinem andern anvertraute. Ich habe meine Sendung — und würde ich sie das ganze Leben hindurch nicht erkennen, so würde ich sie im nächsten Leben erfahren. Irgendwie bin ich notwendig für Gottes Ratschlüsse, so notwendig an meiner Stelle wie ein Erzengel an der seinen. Wenn ich versage, kann er freilich einen andern erwecken, wie er «aus Steinen Kinder Abrahams machen könnte» [Mt 3, 9].

Jedoch, ich bin an diesem erhabenen Werk beteiligt, ein Glied einer Kette, ein Band der Verbindung zwischen Menschen. Er hat mich nicht für nichts geschaffen, ich soll sein Werk vollbringen. Ich soll an meiner Stelle ein Engel des Friedens, ein Verkünder der Wahrheit sein — auch wenn ich nicht daran denke, wenn ich nur seine Gebote halte und ihm in meinem Berufe diene..

Herr, Du wußtest: wessen der Mensch am allermeisten und an erster Stelle bedarf, ist nicht eine äußere, sichtbare Führung — obschon er auch ihrer bedarf —, sondern ist innere, innig nahe, unsichtbare Hilfe. Du wolltest ihn durch und durch heilen, nicht obenhin; nicht nur die Oberfläche wiederherstellen, sondern Kern und Wurzel seiner Übel entfernen und zunichte machen. Zu diesem Behufe wolltest Du in des Menschen Seele eingehen. Du schiedest von ihm dem Leibe nach, um zu ihm wiederzukommen im Geiste.

Darum bliebst Du bei den Aposteln nicht wie in den Tagen Deines Fleisches, sondern kamst zu ihnen und wohntest für immer in ihnen in einer Gemeinschaft, die viel unmittelbarer und wahrer ist: in der Macht des Trösters..

Mein Gott, Tröster, Quell der Liebe, worin Vater und Sohn einander lieben, Du bist der Urheber der heiligen Liebe in unseren Herzen, «Lebensquell, Feuer, Liebe».. Ich erkenne Dich als den Geber der großen Gabe, in der allein wir das Heil haben: der heiligen Liebe. Der Mensch ist von Natur blind und stumpfen Herzens in allen geistigen Dingen — wie soll er den Himmel erreichen? Durch die Flamme Deiner Gnade, die ihn verzehrt, um ihn neu zu gestalten, und ihn befähigt, sich an dem zu freuen, wofür er ohne Dich kein Gespür hätte. Du warst, allmächtiger Tröstergeist, die Kraft, Stärke und Standhaftigkeit der Blutzeugen inmitten ihrer Qual. Du bist der Halt der Bekenner in ihrer langen, beschwerlichen und demütigenden Arbeit, in der sie sich abmühen. Du bist das Feuer, wodurch die Prediger Seelen gewinnen, indem sie sich selbst in ihrer Arbeit für das Gottesreich vergessen.

Durch Dich erwachen wir von dem Tod der Sünde, um die Vergötzung des Geschöpflichen in die reine Liebe zum Schöpfer zu wandeln. Durch Dich erwecken wir den Glauben, die Hoffnung, die Liebe und die Reue. Durch Dich vermögen wir im Dunstkreis der Erde zu leben, von seiner Ansteckung heil. Durch Dich sind wir fähig, uns dem heiligen Dienst zu weihen. Durch das Feuer, das Du in uns entzündest, beten, betrachten und büßen wir. So wenig unser Leib am Leben bleiben könnte, wenn die Sonne erlöschte, so wenig unsere Seelen, wenn Du Dich entferntest.

Mein höchster Herr und Heiligmacher, was in mir gut ist, kommt alles von Dir. Ohne Dich würde ich mit den Jahren im Bösen zunehmen und ein schlimmes Ende nehmen.. Mehre in mir die Gnade der Liebe trotz meiner großen Unwürdigkeit! Deine Liebe ist kostbarer als alles in der Welt, und für sie entsage ich allem, was die Welt zu bieten vermöchte. Gib mir Liebe, mein Leben!

Med. Chr. Doctr. III. 5, 86, 104.

Mir nahe

I.

Gott hat mich für etwas Gutes geschaffen. Allen will er das Beste, jedem einzelnen sein besonderes Gutes. Was für den einen gut ist, ist es nicht für den andern; was des einen Glück ist, kann für den andern ein Unglück sein.

Wenn ich seinen Plan nicht durchkreuze, werde ich nach Gottes Ratschluß das erlangen, was meine höchste Seligkeit sein wird.

Er hat mich persönlich im Auge, er ruft mich bei meinem Namen; er weiß, was ich vermag, was mir am besten entspricht, was mein größtes Glück ist — und er hat es mir zugedacht.

Gott weiß, was mein größtes Glück ist; ich weiß es nicht. Es gibt keine gleiche Regel für des einzelnen Glück und Wohl. Nicht allen entspricht dasselbe. Die Wege, die zur Vollendung führen, sind mannigfach; die Heilmittel, deren die Seele bedarf, sind für die einzelnen sehr verschieden. Gott führt uns oft seltsame Wege, und wir wissen, er will unser Bestes; aber wir wissen nicht, worin unser Bestes besteht, noch den Weg dazu. Wir sind blind. Uns selbst überlassen, werden wir irregehen. Wir müssen uns ihm anheimgeben.

So will ich ihm die Führung überlassen, ohne erschreckt zu sein, wenn er einen befremdlichen Weg führt — einen «wundersamen Weg», wie die Kirche es nennt. Wir wollen die Zuversicht hegen, daß er uns recht führt und uns zu dem bringen wird, was vielleicht wir nicht für das Beste erachtet hätten, und was auch für andere nicht das Beste wäre, aber was uns das Beste ist.

Mein Gott, ich gebe mich ohne Vorbehalt in Deine Hände. Äußeres Wohlbefinden oder Übelbefinden, Freude oder Schmerz, Freundschaft oder Einsamkeit, Ehre oder Demütigung, gutes oder schlechtes Urteil der Menschen, Tröstung oder Unbehagen, Gefühl Deiner Gegenwart oder Deines Verborgenseins — alles ist gut, wenn es von Dir kommt. Du bist Weisheit und Liebe — was kann ich mehr wünschen? «Du führst mich nach Deinem Ratschluß und nimmst mich auf in Deine Herrlichkeit. Was habe ich im Himmel, und was begehre ich auf Erden als Dich? Mein Fleisch mag vergehen, mein Herz verschmachten, Du aber bist der Gott meines Herzens und mein Anteil für ewig» [Ps 72, 24/6].

Med. Chr. Doctr. I. 1.

Ich vermag nicht in Deine verborgenen Ratschlüsse einzudringen, Herr. Ich weiß, Du hast
Dich für alle Menschen dahingegeben; aber
weil Du ihr Heil, obschon Du es gekonnt hättest, nicht auf eine Weise gewollt hast, daß alle
es tatsächlich erreichen, so ist es gewiß, daß Du
für den einen mehr tust als für den andern.

Ich kann nicht mit Bestimmtheit sagen, wie
Dein ewiger Ratschluß für mich lautet; aber
überdenke ich alle die Zeichen Deiner Güte, die
Du mir so freigebig erwiesen, so darf ich vertrauen, zu denen zu gehören, deren Namen in
Deinem Buch geschrieben stehen. Und eines
weiß ich durchaus von mir und fühle es und
glaube es auch von allen andern: wenn ich die
Krone, die mir hinterlegt und erreichbar ist,
nicht erreiche, so ist es ganz und gar meine
eigene Schuld.

Von meiner Kindheit auf hast Du mich mit
Deinen Gnadenerweisen umgeben und hast
soviel für mich getan, als wäre ich von Bedeutung für Dich, und als wäre es Dein Verlust,
wenn ich den Himmel verlöre. Durch unzählige
freundliche Fügungen hast Du mich weiterge-
führt, hast mich so innig Dir nahe kommen
lassen, mich in Dein Haus aufgenommen, in
Dein Gemach, und mich mit dir selbst genährt.
Wahrlich, es ist Liebe von Dir, Liebe im wirklichen, wahren, wesenhaften, tatkräftigen Sinne
ohne Einschränkung — ich weiß es, ich bin davon ganz durchdrungen —, und Du bist immer

bereit, mir weiter Gutes zu tun, Deine Segnungen über mich auszugießen, und wartest immerzu, daß ich um Deine Gnade bitte.

Ja, Herr, Du wünschest, daß ich Dich bitte. Du lauschest beständig auf meine Stimme, und es gibt nichts, was ich nicht von Dir erhalten könnte. Ach, ich bekenne meine schmähliche Nachlässigkeit in der Benutzung dieses großen Vorrechts. Ich bin wirklich in Schuld; mit der höchsten Gabe, der Macht, den Allmächtigen zu bewegen, habe ich lässig gespielt. Wie lau bin ich im Gebete um das, was mir not tut! Wie wenig denke ich an das Bedürfen anderer, an die Not der Welt und die Anliegen Deiner Kirche!

Laß nicht das Blut der Seelen über mich kommen! Laß mich nicht des Weges ziehen, ohne an Dich zu denken! Gib mir, daß ich alles vor Dir ausbreite, in all meinen Plänen Deine Gutheißung erfrage und in allen meinen Unternehmungen um Deinen Segen bitte! Ich will nichts tun ohne Dich, mein Herz soll allzeit bei Dir sein, und nie will ich vergessen, daß mein Erlöser am Thron des Allerhöchsten mein Fürsprecher ist. Wie die Sonnenuhr sich nach der Sonne richtet, so will ich mich von Dir leiten lassen, wenn Du mich bei der Hand nehmen und mich leiten willst.

So sei es, mein Herr Jesus Christus. Ich gebe mich Dir ganz.

Med. Christ. Doctr. XIII. 94/6.

I.

1. Mein Gott, Du bist der Allweise und Allwissende, Du allein. Du weißt alles und jedes, was uns von Anfang bis Ende begegnen wird, und hast es festgesetzt; Du hast es aufs weiseste geordnet.

Du weißt, was mein Los von Jahr zu Jahr sein wird, bis ich sterbe; Du weißt, wie lange ich zu leben habe; Du weißt, wie ich sterben werde. Du hast alles genau bestimmt, die Sünde ausgenommen; jedes Ereignis meines Lebens ist für mich das denkbar beste; denn es kommt von Dir.

Du führst mich durch Deine wunderbare Vorsehung von einem Jahr zum andern, von der Jugend bis zum Alter mit vollkommenster Weisheit und mit vollkommenster Liebe.

Mein Herr Jesus Christus, Du bist in diese Welt gekommen, um Deines Vaters Willen, nicht Deinen eigenen zu erfüllen: gib mir eine unbedingte und redliche Unterwerfung unter den Willen des Vaters und Deinen, des Sohnes! Ich glaube, mein Erlöser, Du weißt, was mir jeweils das allerbeste ist. Ich glaube, Du liebst mich besser, als ich Dich selber liebe. Du bist allweise in Deiner Vorsehung, und allmächtig in Deinem Schutze. Ich weiß so wenig wie Petrus, was mir die Zukunft bringen wird [vgl. Joh 21, 22], doch ich ergebe mich gänzlich in meine Unwissenheit und danke Dir von ganzem Herzen, daß Du mich der Sorge um mich selbst enthoben und, statt eine so schwere Last auf mich zu legen, mich aufgefordert hast, mich ganz in Deine Hände zu legen. Ich kann nichts Besseres tun, als gern Dir anvertraut zu sein, lieber als mir selbst.

Ich erkläre in aller Form, Herr, ich will mit Deiner Gnade Dir folgen, wohin Du auch gehest, und will nicht selber den Weg bestimmen. Ich will Deiner gewärtig sein, Deiner Führung harrend, und weil Du sie mir gewährst, will ich kindlich und ohne Furcht vorangehen. Und ich verspreche, ich will nicht ungeduldig werden, wenn Du mich einmal in Dunkelheit und im Ungewissen läßt, noch will ich mich beklagen oder murren, wenn eine Widrigkeit oder Bedrängnis über mich kommt.

Ich weiß, Herr, Du wirst das Deine an mir tun, so wie ich mit Deiner Gnade das Verlangen habe, das Meine vor Dir zu tun. Ich weiß wohl, Du wirst Dich jenen nie versagen, die Dich suchen, und wirst die nicht täuschen, die Dir vertrauen; aber ich weiß auch, daß ich Deinen Beistand um so reicher und sicherer genießen werde, je mehr ich darum bete. Darum rufe ich zu Dir und flehe Dich an, fürs erste: Du wollest mich vor mir selbst bewahren und mich keinem anderen Willen folgen lassen als Deinem. Dann bitte ich Dich, Du wollest in Deiner unendlichen Teilnahme Deinen Willen auf Milde gegen mich stimmen und nicht strenge, sondern nachsichtig mit mir verfahren. Und wenn es nicht unrecht ist, so zu bitten, Herr: suche mich nicht mit jenen peinvollen Prüfungen heim, die nur Heilige tragen können. Habe Mitleid mit meiner Schwäche und führe mich den sicheren, ruhigen Weg zum Himmel!

Doch lege ich alles in Deine Hände, mein Herr und Erlöser, und markte um nichts. Nur, wenn Du mir ernstere Prüfungen zugedacht hast, so gib mir auch mehr Gnade! Überschütte mich mit der Fülle Deiner Kraft und Deines Trostes, daß mir die Prüfungen des Lebens nicht zum Tode, sondern zum Leben, zum Heil gereichen mögen.

Med. Chr. Doctr. XII. 81/3.

II.

Du führe mich, mildes Licht! Derweilen es
    dunkelt,
Führ mich hinan!
Die Heimat ist fern, kein Sternbild am Himmel
    funkelt —
Führ mich hinan!
Behüte des Pilgers Fuß: ich will nicht sehen
Verhülltes — nur einen Schritt vor dem andern
    gehen.

Einst war ich anderen Sinnes, wollte nicht flehen:
Führ mich hinan!
Wollt' selber wählen, auf eigenen Füßen stehen:
Nun — führ mich hinan!
Ich liebte die klaren Lichter, wähnt' zu erlangen
Die höchsten Kronen — o Herr, vergiß, was
    vergangen!

Ich weiß, Du wirst wie von je mich gütig leiten
Auf Deiner Bahn.
Du läßt über Moor und Klüfte mich sicher
  schreiten
Zum Licht hinan.
Umschweben nicht Engel den Weg? Wie
  könnte ich sorgen?
Ihr stilles Lächeln grüßt schon den nahen
  Morgen.

Verses 156/7 («The pillar of the cloud», 16. Juni 1833).

DER ALLHEILIGE

Du bist heilig, Herr. Durch einen unendlichen
Abstand bist Du von allen andern getrennt und
bist gegenüber allen DER ANDERE.

Ich bete Dich an, Herr, in dieser Deiner Heiligkeit und immerwährenden Reinheit; denn all
Deine Seligkeit quillt von innen, und nichts
kann Dich von außen berühren.

Ich bete Dich an, den unendlich Seligen, dessen ganze Seligkeit in Dir selber gründet. Ich
bete Dich an, in Deiner vollkommenen, heiligen
Selbsterkenntnis, in der wir die Zeugung des
ewigen WORTES fassen. Ich bete Dich an in
Deiner unendlich reinen Selbstliebe, in der wir
das Hervorgehen des Heiligen Geistes als Liebe
zu Deinem Sohn und Sohnesliebe zu Dir fassen.
Ich bete Dich an in jener Glückseligkeit, die Du
von ewig aus Deinem eigenen Selbst genießest.

167

Mein Gott, ich verstehe nicht diese himmlischen Wirklichkeiten; ich rede in Worten, über die ich nicht verfüge. Jedoch ich glaube, o Gott, an die Wahrheit dessen, was ich nur schwach in menschlichem Ausdruck fassen kann.

Ich bete Dich an, mein Gott, den Heiligen in Dir selbst wie nach außen. Ich bete Dich an, den Heiligen in seinen Werken wie auch in seinem eigenen Wesen. Kein Geschöpf kann sich Deiner Heiligkeit, jenseits alles sonst Heiligen, nahen — Du aber bist nahe, berührst, umschließest und besitzest alles Geschaffene, und alles lebt nur in Dir: alles, was Du geschaffen hast, ist gut.

Ich bete Dich an, weil Du alles und jedes in seiner Art gut gemacht hast. Ich bete Dich an, der Du allem in der Erschaffung Deine helfende und erhaltende Kraft von innen mitgegeben hast, so daß es, ohne daß Du von außen nachhelfen mußtest, weiterlebt und nicht in das Nichts zerfällt. Ich bete Dich an, der Du allem wirkliche Kraft verliehen, so daß es sich regen kann, wenn auch durch Dich und mit Dir, jedoch aus sich selbst.

Ich bete Dich an, der Du Deinen vernunftbegabten Geschöpfen Macht gegeben hast, das Rechte zu wollen, und Deine heilige Gnade. Ich bete Dich an, der Du den Menschen aufrecht geschaffen, ihn gütig mit dem Vollbestand seines natürlichen Wesens ausgerüstet und obendrein mit einem reichen Maß Deiner freien Gnade gesegnet hast, so daß er gleich einem

Engel auf Erden begann; und noch mehr bete ich Dich an, weil Du ihm durch Deinen Eingeborenen in der göttlichen Menschwerdung Deine Gnade in reicherem Maße und mit bleibenderer Frucht zurückgegeben hast.

In all Deinen Werken bist Du heilig, mein Gott, und ich bete Dich an in allem.

Heilig bist Du in Deinen Werken, Herr. Die Sünde in der Welt ist nicht von Dir; sie ist von einem Feinde — von mir und dem Meinigen. Mich, den Menschen, trifft die Schmach; denn wir könnten das Rechte wollen und wollen das Übel. Welch ein Abgrund ist zwischen Dir und mir, mein Schöpfer, nicht nur im Wesen, sondern auch im Wollen!

Dein Wille ist immer heilig. Wie darf ich je es wagen, Herr, Dir zu nahen? Was habe ich mit Dir gemein? Aber ich muß Dir nahekommen. Du wirst mich zu Dir rufen, wenn ich sterbe, und wirst mich richten. «Wehe mir, denn ein Mensch mit unreinen Lippen bin ich und wohne in einem Volk mit unreinem Munde» [Is 6, 5].

Dein Kreuz, o Herr, zeigt mir den Abstand zwischen Dir und mir, indem es ihn überwindet. Es zeigt sowohl meine tiefe Sündhaftigkeit wie Deinen tiefen Abscheu vor der Sünde.

Präge mir, Herr, die Lehre des Kreuzes in ihrer ganzen Bedeutung ein, daß sie mich nicht nur erkennen lasse, wie fremd ich Dir geworden bin, sondern mir auch die Kraft der Versöhnung verleihe.

Med. Chr. Doctr. XI. 76/8.

I.

Herr, Du hast eine ganze Ewigkeit in unaussprechlicher Seligkeit gelebt, weil Du schon allein der Vollkommene bist, nur Du. Zu einer Zeit begannen die geschaffenen Geister da zu sein; Du schufest sie, daß sie bei Dir seien und nach ihrem Maße an Deiner Seligkeit teil hätten. Doch ihrer Bestimmung entgegen, erhoben sie sich. Zuerst war es ein Teil der Engel, dann die Menschheit. Sie erhoben sich wider Dich und dienten andern statt Dir.

Wozu sonst hast Du uns geschaffen, als um uns glücklich zu machen? Konntest Du glücklicher werden, indem Du uns schufest? Und worin sonst könnten wir glücklich sein als im Gehorsam zu Dir? Jedoch, wir wollten nicht glücklich sein auf den Wegen, die Du uns zugedacht, sondern wir wollten unser Glück auf unseren eigenen Wegen finden, und so verließen wir Dich.

Mein Gott, wie vergelten wir Dir — wie vergelte ich Dir —, wenn wir sündigen! Welch schrecklicher Undank!

Und was wird die Strafe sein, daß ich meine Glückseligkeit ausschlage und die Hölle dem Himmel vorziehe? Ich weiß, worin die Strafe liegt. Du wirst sagen: «So mag er denn seines Weges ziehen! Er will verderben, so mag er es haben! Er verschmäht die Gnade, die ich ihm gab, so soll sie sich in Fluch verwandeln!»

Du hast einen Anspruch auf mich, mein Gott. Ich bin gänzlich Dein. Du bist der allmächtige Schöpfer, und ich Dein Geschöpf. Ich bin das Werk Deiner Hände, Du bist mein Eigentümer. So wenig sich Axt oder Hammer gegen den Meister erheben kann, so wenig ich gegen Dich. Du schuldest mir nichts; ich habe Dir gegenüber keine Rechte, ich habe nur Pflichten. Mit meinem Leben und Wohlergehen und in jeder Gabe hange ich jeden Augenblick von Dir ab. Was mein Wollen im Hinblick auf mein Leben vermag, ist nicht mehr, als was Axt und Hammer vermögen; ich hange mehr von Dir ab als irgend etwas auf Erden von seinem Besitzer und Meister. Der Sohn ist nicht für Lebensdauer von seinem Vater abhängig; der Stoff, aus dem die Axt gemacht ist, war schon vorher — ich aber hange durch und durch von Dir ab. Ich sterbe, wenn Du mir Deinen Odem auch nur für einen Augenblick entziehst. Ich bin ganz und gar Dein Eigentum, Dein Werk, und meine einzige Pflicht ist, Dir zu dienen.

Mein Gott, ich bekenne, daß ich Dich bisher sehr vergaß und immer wieder vergesse. Ich habe oft so dahingelebt, als wäre ich mein eigener Herr, und habe mich rebellisch von Dir abgekehrt. Ich bin meiner eigenen Laune und Lust gefolgt, ohne nach Deinem Wohlgefallen zu fragen, und so weit habe ich es in meiner Verhärtung gebracht, daß ich kaum mehr recht fühle, was für ein Übel das ist. Ich sehe nicht mehr klar, was es Schreckliches um das Böse ist; es ist mir nicht in dem Maße ein Ge-

genstand des Hasses und der Furcht, wie es sein müßte; ich habe weder Schauder noch Ekel davor, ich wende mich nicht entrüstet davon ab als einer Verhöhnung Deines Willens, sondern spiele und feilsche damit; auch wenn ich nicht in grobe Vergehen falle, so habe ich doch keine besonderen Hemmungen, mich in kleineren gehen zu lassen. Mein Gott, welch ernster, erschreckender Abstand ist zwischen dem, was ich bin, und dem, was ich sein sollte!

II.

Du bist der allsehende, allwissende Gott. Deine Augen, Herr, sind allerorten. Du bist der wirkliche Zeuge alles dessen, was irgendwo geschieht. Du bist immer bei mir; Du bist zugegen als Mitwisser in allem, was ich denke, rede oder tue. «Du, o Gott, der mich sieht» [Gen 16, 13]. All mein Tun, so geringfügig es auch sei, jedes flüchtige und zufällig ausgesprochene Wort, auch der geheimste Gedanke meines Herzens, der im Augenblick auftaucht und wieder vergessen wird, — Du siehst dies alles, Herr; Du siehst und bewahrst es. In Deinem Buch ist jeder Tag meines Lebens eingetragen. Ich vergesse. Du vergissest nicht. Aufgezeichnet ist die Geschichte aller meiner vergangenen Jahre. Und so wird es sein, bis ich sterbe. Die Blätter füllen sich und werden umgeschlagen, und schließlich ist das Buch vollgeschrieben. «Wohin soll ich fliehen vor Deinem Geiste?» [Ps 138, 7].

Herr, ich bin bedingungslos in Deiner Hand..

Guter Herr, hab Erbarmen mit mir! Ich hoffe, Du habest mir meine Sünden vergeben — die Auswirkungen aber, die Strafen bleiben. So sehr Du mich liebst, und so wahrhaft Du mich als Dein eigen erkennst, Du wirst mich in die Läuterung weisen. Ich werde meine Sünden noch einmal überdenken müssen, für sie zu büßen.

Dort werde ich leiden. Hier ist die Zeit für eine ernste Buße; hier ist die Zeit, um Gutes zu tun, die Sündenstrafen abzubüßen, die Schuld auf jede mögliche Weise abzutragen.

Deine Heiligen waren in den Augen anderer Menschen ohne Sünde; in Wirklichkeit hatten sie eine große Schuldrechnung und sie brachten Ordnung hinein durch eine immerwährende Anstrengung, die sie hier auf sich nahmen. Ich habe weder ihr Verdienst, noch ihre Leiden; ich weiß nicht, ob ich zu solchen Liebestaten fähig bin, daß sie mir Nachlaß meiner Sünden erwirken könnten. Der Ausblick vor mir ist dunkel — ich kann mich nur auf Deine unendliche Barmherzigkeit stützen.

Herr, Du hast mir schon so vielfach Deine erbarmende Milde erzeigt: erbarme Dich meiner in dieser Erdenzeit! Bei all Deiner Gerechtigkeit — sei mir barmherzig!

Med. Chr. Doctr. IV. 37/9; IV. 47/9.

III.

«Herr, ich bin nicht würdig» [Mt 8, 8]. Du allein, Herr, zu dem ich spreche, begreifst, was ich sage, in seinem vollen Sinne. Du siehst, wie unwürdig ein so großer Sünder ist, mit Dir, dem einen, heiligen Gott Gemeinschaft zu haben, den die Seraphe mit zitternder Ehrfurcht anbeten. Du siehst nicht bloß die Flecken und Narben meiner früheren Sünden, sondern auch die Verstümmelungen, die tiefen Wunden, die bleibenden Unordnungen, die sie in meiner Seele zurückgelassen haben. Du siehst, wie lebendig diese unzählbaren Spuren des Bösen sind, von denen ich mich umschlossen sehe, auch wenn sie nicht die Verdammung mit sich bringen — wie unheimlich als wirkliche Macht, durch ihre Schuld und ihre Auswirkungen. Du siehst all meine schlechten Neigungen, meine niedrigen Motive, meine verkehrten, eigenwilligen Ideen, meine vielen Schwächen und Erbärmlichkeiten. Und doch kommst Du zu mir!

Mein Gott, mir selbst überlassen, müßte ich wahrhaft vergehen im Gedanken, mit dem, was ich bin, vor dem erschreckenden Glanz Deiner Majestät, dem verzehrenden Feuer zu stehen. Du wirst mir Kraft geben, Deine Gegenwart zu ertragen; sonst könnte ich nur mit Petrus sagen: «Herr, geh weg von mir, denn ich bin ein sündiger Mensch!» [Lk 5, 8].

Ja, gib mir Kraft, mein Gott, Deine Gegenwart zu ertragen! Du allein kannst es. Reinige

mein Herz und meinen Geist von allem, was
zurückliegt, tilge meine Erinnerungen an das
Böse, befreie meine Seele von allem Schwachen,
Gebrechlichen, Reizbaren, Unzulänglichen! Gib
mir ein wahres Erfassen des Unsichtbaren! Hilf
mir, daß ich wahrhaft, in der Anwendung auf
die praktischen Wirklichkeiten meines Lebens
und gegenüber allen irdischen Werten, Dir die
Treue halte und mehr auf die kommende Welt
als auf die gegenwärtige schaue! Gib mir Tap-
ferkeit, wahre Unterscheidungsgabe zwischen
Recht und Unrecht, Demut in jeder Lage und
eine innige Sehnsucht nach Liebe zu Dir!

Med. Chr. Doctr. XV. 109/10.

« Mein Herr und mein Gott! »

Mit Thomas bete ich Dich an, mein Gott.
Und wenn ich mein ganzes Leben hindurch
gleich ihm durch mangelnden Glauben gesündigt habe, um so mehr bete ich Dich an.

Ich bete Dich an, den einzig Anbetungswür-
digen. Du bist in Deiner freigewählten Demut,
darin Du Dich von den Menschen mißachten
läßt, herrlicher, als da Dich die Engel verehren.

Mein Gott und mein alles, Dich haben, heißt
alles haben, was ich haben kann. Ewiger Vater,
gib mir Dich selbst!

Ich würde nicht wagen, eine so große Bitte
an Dich zu richten — es wäre anmaßend, hättest
nicht Du mich ermutigt. Du hast es mir in den

Mund gelegt. Du hast Dich in meine Natur gekleidet, bist mein Bruder geworden und bist gestorben wie andere Menschen, nur in viel größerer Bitterkeit: auf daß ich vertrauensvoll Dir
nahe, statt in Furcht und Zittern auf Dich zu
schauen.

Du sprichst zu mir wie einst zu Thomas und
forderst mich auf, Dir ganz zu vertrauen.

Mein Gott und mein Alles! — Was kann ich
Größeres sagen, und wenn ich die ganze Ewigkeit reden wollte! Ich bin zufrieden und überreich gesegnet, wenn ich Dich habe. Ohne Dich
aber bin ich nichts; ich verdorre, zerfalle und
verderbe.

«Mein Herr und mein Gott» [Joh 20, 28] —
mein Gott und mein Alles, gib mir Dich selbst!
Ich verlange sonst nichts.

Thomas trat herzu und berührte Deine heilige
Wunde. Wird je der Tag kommen, wo ich Dir
nahen darf, sie zu verehren? Welch ein Tag, da
ich, geläutert von aller Unreinheit und Sünde,
fähig bin, meinem fleischgewordenen Gott zu
nahen in seiner erhabenen Wohnung des Lichtes
oben! Welch ein herrlicher Morgen, wenn alle
Pein der Läuterung hinter mir liegt und ich
zum ersten Male Dich mit eigenen Augen, von
Angesicht zu Angesicht, schauen, Dir ohne
Zagen in die Augen sehen darf, um voller Freude
mich niederzuwerfen und Deinen Fuß zu um-
fassen — Du aber breitest die Arme aus, mich zu
empfangen! Du mein großer Freund, der meiner
Seele wahrhaft wohl will, ich will Dich jetzt
lieben, damit ich einst Dich lieben kann.

Was für ein Tag, langer Tag ohne Ende, Tag der Ewigkeit, da ich ganz anders sein werde als jetzt, wo ich den Leib des Todes an mir fühle und mich verwirrt und abgelenkt sehe durch so viele Gedanken, von denen jeder mich um den Himmel bringen möchte.

Mein Gott und Herr, was für ein Tag wird das sein, wenn alle Sünden, die läßlichen und die schweren, von mir genommen sind, wenn ich vollendet und wohlgefällig in Deinen Augen vor Dir stehe, fähig, Deine Gegenwart zu ertragen, ohne Dein Auge zu scheuen, ohne zu zittern vor den klaren Blicken der Engel und Erzengel, umgeben von ihrer Gesellschaft und mitten unter ihnen!

Mein Gott, wenngleich ich nicht würdig bin, Dich zu sehen oder Dich anzurühren, möchte ich doch immer in Deiner Nähe sein und Sehnsucht hegen nach dem, was in seiner Fülle mir noch versagt ist. Mein Erlöser, Du allein sollst mein Gott sein; ich will keinen zum Herrn haben als Dich. Zerbrechen will ich die Götzen in meinem Herzen, die sich nicht mit Dir vertragen; nichts will ich mein nennen als «Jesus Christus, und zwar den Gekreuzigten» [1 Kor 2, 2]. Es soll mein Leben sein, Zwiesprache mit Dir zu halten, mich selbst Dir darzubringen, Dich vor Augen zu haben, Dich zu verehren in Deinem heiligen Opfer und mich ganz Dir hinzugeben im heiligen Mahle.

Med. Chr. Doctr. VI. 2: 55/7.

Dich besitzen, Freund der Seelen, heißt glücklich sein. Es ist *das* große Glück der unsterblichen Seelen. Sich Deines Anblickes zu erfreuen, ist der selige Inhalt der Ewigkeit.

In diesem Leben kann ich mich an den flüchtigen Werten der Sinne und der Zeit ergötzen und so kann ich mich leidlich durchbringen. Aber sie können nicht für immer bleiben; sie werden uns abgestreift, wenn wir aus diesem Leben scheiden. Alle Schattenbilder werden sich eines Tages auflösen. Was werde ich dann beginnen?

Nichts wird mir bleiben als der gewaltige Gott. Wenn ich im Gedanken an Ihn keine Freude finde, so wird es dann nichts mehr geben, woran ich mich freuen könnte. Gott und meine Seele — die werden dann noch von aller Welt die einzigen Wesen sein, soweit es mich selbst betrifft, und ob es mir lieb ist oder nicht, Er wird dann alles in allem sein. Welche Not für mich, wenn ich Ihn nicht liebe und nichts sonst mir bleibt, um es zu lieben — wenn ich mit ihm nicht im reinen bin, dessen Auge dann immerdar auf mir ruhen wird.

Ach Herr, wie kann ich mich unterstehen zu sagen, Du werdest mir alles in allem sein, «ob es mir lieb sei oder nicht»? Muß ich es nicht von ganzem Herzen wünschen? Was kann mich glücklich machen als Du? Wenn mir dann alle Werte der Zeit und der Sinneswelt zur Verfügung wären wie jetzt, müßte ich nicht im Laufe der Zeiten ihrer müde werden, ja schon nach wenig Jahren? Und wenn diese Welt für immer bestünde, könnte sie meine Seele erfüllen? Gibt es schon hienieden etwas, das nicht mit der Zeit schal würde? Liebt der Greis, was dem Jüngling gefällt? Ist nicht ein beständiger Wechsel hienieden?

So kann ich gewiß sein, mein Gott: einmal würde die Zeit kommen, auch wenn sie lange anstünde, da ich genug hätte von allen Freuden, welche die Welt zu bieten vermag. Nur Du, Herr, den ich liebe, bist meiner Seele Nahrung für ewig, nur Du.

Du allein kannst die Menschenseele erfüllen. Die Ewigkeit ohne Dich wäre elend, selbst wenn keine Strafe hinzukäme. Dich schauen, in Dir frohlocken, Dich betrachten: nur dies ist unerschöpflich.

Zwar bist Du der Wandellose, doch sind in Dir immer neue und immer wunderbarere Tiefen und immer neue und wechselnde Herrlichkeiten zu ergründen. Wir werden ewig von vorn anfangen, Dich zu betrachten, als hätten wir Dich noch nie gesehen. In Deiner Gegenwart fließen die Wonneströme, von denen zu kosten nie verleidet. Dies ist mein wahrer Anteil, Herr, hier und für ewig.

Mein Gott, wieviel fehlt mir, nach dem zu leben, was ich so klar begreife! Ich muß bekennen, mein Herz geht Schattenbildern nach. Anderes liebe ich mehr als die Gemeinschaft mit Dir und bin immer geneigt, Dir zu entlaufen. Ja, es ist mir oft schwer, im Gebete zu verweilen. Kaum ein Vergnügen gibt es, dem ich nicht lieber huldige, als Deiner zu gedenken.

Vater, gib mir die Gnade einer tiefen Beschämung über meine Widerspenstigkeit!

Rüttle mich auf aus meiner Nachlässigkeit und Kälte und gib mir, daß ich Dich von ganzem Herzen suche. Hilf mir, gern in Betrachtung, heiliger Lesung und Gebet zu verweilen. Hilf mir zu lieben, was meinen Geist für meine ganze Ewigkeit beschäftigen wird.

Med. Chr. Doctr. III. 1: 31/3.

Das unerschöpfliche Gut

Mein Gott, ich glaube und weiß, daß Du unendlich bist in der Fülle und Tiefe Deiner Eigenschaften, und ich bete Dich darin an. Ich bete Dich an als den Inbegriff alles dessen, was die Seele erquicken und stillen kann. Und ebenso weiß ich und bin durch Erfahrung dessen nur zu sicher, daß alles Geschaffene, alles Irdische, wohl eine Zeitlang gefällt, aber dann verblaßt und zur Last wird. Ich glaube, es gibt auf Erden nichts, dessen ich auf die Dauer nicht müde würde; ich glaube, mit der Zeit würde ich auch des Lebens überdrüssig; ich fände es schal und leer und freudlos, selbst wenn ich alle Glücksgaben zu Verfügung hätte, die es bieten kann; ich wäre wohl über die Maßen unglücklich, wenn ich so lange wie die Menschen vor der Sintflut zu leben hätte — ohne Dich; ich könnte

versucht sein, vor Müdigkeit und Überdruß
selbst ein Ende zu machen; ich würde meinen
Verstand verlieren, würde das Leben nicht vorher ein Ende nehmen; es käme mir vor, als
wäre ich im einsamen Verlies mir selbst überlassen, ohne Gefährten — wenn Du nicht wärest, mit dem ich Zwiesprache halten kann,
mein Gott.

Nur Du, unendlicher Herr, bist immer neu,
obschon der «Alte der Tage» [Dan 7, 9]; Du
bist «der Erste und der Letzte» [Geh Offb 1, 17].

Mein Gott, Du bist immer jung, obwohl Du
älter als alle bist. Du allein bist «die Speise für
immer» [Joh 6, 27]. Ich habe ein ewiges Leben
vor mir, nicht nur für eine Weile, und über mein
Dasein habe ich keine Gewalt. Ich kann mich
nicht zerstören, selbst wenn ich so schlecht
wäre, es zu wollen; ob ich wolle oder nicht, ich
muß mit dem Verstande und Bewußtsein für
ewig fortleben.

Ohne Dich wäre die Ewigkeit nur ein anderer
Name für ewiges Elend. In Dir allein besitze
ich, was mir Halt für immer geben kann; Du
allein bist die Speise meiner Seele. Nur Du bist
unerschöpflich und bietest mir immer Neues zu
erkennen und Neues zu lieben. Nach Millionen
Jahren werde ich Dich so wenig kennen, daß
ich mich noch immer am Anfang fühlen werde;
nach Millionen Jahren wirst Du für meine Erfahrung noch ebenso beglückend, vielmehr be-
glückender sein als früher, und es wird mir
vorkommen, ich stünde erst am Beginn meiner
Seligkeit in Dir. Und so wird es immer sein, und

für alle Ewigkeit werde ich ein kleines Kind sein, das in die Anfangsgründe Deines unendlichen göttlichen Wesens eingeweiht wird. Denn Du bist die Quelle und die Mitte alles Guten, das einzig Wesenhafte in dieser Welt der Schatten, der Himmel, in dem die seligen Geister leben und glückselig sind.

Mein Gott, Du sollst mein Anteil sein. Schon aus bloßer Klugheit komme ich von der Welt zu Dir und entsage der Welt um Deinetwillen. Ich gebe den Abschied dem, was nur Verheißung ist, um dessentwillen, was Erfüllung ist. Zu wem sollte ich gehen? Es verlangt mich auf dieser Welt, Dich zu finden und an Dir meine Stillung zu haben; es verlangt mich nach Dir, mein Erlöser, der auferstanden, zum Himmel gefahren und doch Deinem Volke auf Erden nahegeblieben ist. Ich schaue auf zu Dir, ich erhebe mein Auge zu dem «lebendigen Brot», das im Himmel ist und «vom Himmel kommt» [Joh 6, 41]. Gib mir immer von diesem Brote! Nimm hinweg dieses Leben, das bald zerfällt, auch wenn Du es nicht zerstörst, und gib mir die Fülle jenes übernatürlichen Lebens, das in Ewigkeit keinen Tod kennt.

Med. Chr. Doctr. XXIII. 132/4.

Der Seligmachende

Der Herr ist in den Himmel aufgefahren.. In den Himmel gehen, heißt zu Gott gehen. Der Himmel — da ist Gott und Gott allein;

denn da ist vollkommenes Glück und nichts anderes; und niemand kann selig sein, der nicht in die Herrlichkeit des göttlichen Wesens eingetaucht und da geborgen und ganz darein versenkt ist.

Alle Heiligen, die er geschaffen, sind nur des Höchsten Gewand, in das er sich ewig gekleidet hat; es strahlt von seinem unerschaffenen Licht.

Auf Erden gibt es viele Dinge, und jedes hat seine eigene Mitte. Dort ist nur *ein* Name: Gott allein.

Das ist das wahre, überirdische Leben auf Erden. Will ich hier übernatürlich leben, und will ich ins übernatürliche, ewige Leben gelangen, das im Himmel ist, so muß ich eines tun: hienieden in seelischer Gemeinschaft mit Gott leben.

Lehre mich dies, o Gott! Gib mir Deine übernatürliche Gnade, es zu verwirklichen! Verstand, Gefühl, Absichten, Ziele: alles soll durchdrungen und beherrscht sein von der Liebe zu Dir, alles eingetaucht und einbezogen in das Eine: Dich schauen.

Dort gibt es *einen* Namen und *einen* Gedanken; hienieden gibt es vierlerlei Gedanken. Das irdische Leben, das zum Tode führt, besteht eben darin, der Vielheit der Dinge, Ziele, Aufgaben und Zerstreuungen nachzujagen, die man auf Erden sich vorsetzen kann. Auch das natürlich Gute, das es auf Erden gibt, führt nicht [von sich aus] zum Himmel: es verdirbt, sobald man sich damit befaßt; es zerfällt, wenn man darnach greift. Es ist nichts Festes, nichts Ganzes, nichts

Dauerhaftes; es zerrinnt in ein Übel, bevor es gut endet, bevor es recht angefangen hat, gut zu werden. Im besten Falle ist alles «eitel», wenn nicht Schlimmeres. Und zumeist birgt es den Keim der wirklichen Sünde.[1]

Mein Gott, ich muß dies bekennen. Mein Herr und Erlöser, ich bekenne es. Ich weiß, nur Du bist der Wahre, bist der Gute, bist Gott. Du allein kannst mir Licht und Klarheit schenken und kannst mich zu Dir emporführen. Du bist «der Weg, die Wahrheit und das Leben» [Joh 14, 6], nur Du. Die Erde wird mich nie zum Himmel führen. Du allein bist der Weg, Du allein.

Mein Gott, kann ich auch nur einen Augenblick zweifeln, welches mein Weg sei? Soll ich nicht ohne Zögern Dich zu meinem Teil erwählen? Zu wem sollte ich gehen? «Du hast Worte des ewigen Lebens» [Joh 6, 69].

Du bist herabgestiegen, um gerade das für mich zu tun, was sonst niemand tun könnte: nur Du, der Himmel, kann mich zum Himmel

---

[1] Wollte man die Empfindung des Herzens — und gar die Gebetssprache der mystischen Gottesliebe — in das Begriffsnetz nüchterner «ontologischer Betrachtung» spannen, könnten solche Stellen etwas übertrieben scheinen. Und der Theologe könnte daran erinnern, daß vor dem Auge des Schöpfers «alles gut war». Immerhin — ehe der Mensch darüberkam! Nun erlebt ein jeder die Welt auf seine Weise — der «Wertungen» sind wohl so viele als Menschen. Wenn aber ganz allgemein dem «finstern Auge» alles finster scheint und auch der Gotterfüllte zuweilen Gleiches zu sagen scheint, so ist ihr Sinn doch himmelweit verschieden: jenem ist alles finster durch seine innere Lichtlosigkeit — diesem durch «Überschwang des Lichts»: weil er «*Gott* schaut» und «Gott allein gut» findet. Der Zusammenhang bei Newman zeigt die seelische Nähe zum Prediger Salomons.

bringen. Welche Kraft hätte ich, den hohen Berg zu ersteigen? Auch wenn ich der Welt noch so gut diente und meine Pflichten in ihr, menschlich gesprochen, erfüllte — was könnte die Welt für mich tun, soviel sie sich auch bemühte? Auch wenn ich meiner Stellung aufs beste gerecht würde, den Mitmenschen Gutes erwiese und weithin einen wohlklingenden Namen hätte, auch wenn ich Großtaten vollbrächte und gefeiert würde, auch wenn ich mit Ruhm in die Geschichte eingehe — wie könnte dies alles mich zum Himmel bringen?

So wähle ich Dich zu meinem Teil, o Gott. Du lebst und stirbst nicht. Ich verwerfe alle falschen Götter: Dir übergebe ich mich.

Ich bitte Dich innig, Du wollest mich lehren und führen, mich im Guten stärken und mich zu Dir hinaufnehmen.

Med. Chr. Doctr. XIII. 90/2.

QUELLENVERZEICHNIS

Med. = Meditations and Devotions, London, Longmans 1914; darin der Teil «On christian
Doctrine». Übersetzung s. Knöpfler.

Mix. Congr. = Discourses to Mixed Congregations,
ebenda 1921. Übers. s. Schündelen.

Oxf. Univ. Serm. = Oxford University Sermons, ebenda 1909.

PPS = Parochial and Plain Sermons I–VIII.
London, Rivington 1870/75.

Subj. Day = Sermons bearing on Subjects of the Day,
London, Longmans 1909.

Var. Occ. = Sermons preached on various occasions,
ebenda 1927.

Verses = Verses on various occasions, ebenda
1918.

FRÜHERE DEUTSCHE ÜBERSETZUNGEN

(der hier benutzten Abschnitte)

Dreves = G. M. Dreves, ausgewählte Predigten
auf alle Sonntage des Kirchenjahres von
J. H. Newman, Kempten 1907.

Haecker = Haecker Th., J. H. Newman, Mysterium
der göttlichen Dreifaltigkeit und
Menschwerdung. (Predigten). Leipzig
1938.

Knöpfler M., J. H. Newman, Betrachtungen und Gebete.
(Meditations and Devotions). München
1924.

Laros = M. Laros, Kardinal Newman, Ausgewählte Werke, Mainz 1922ff. Band I–IX.

Schündelen = J. H. Newman, Conferenzreden, hg. von
G. Schündelen, 1860.

GELEGENTLICH ZITIERTE NEWMANSCHRIFTEN

Devel. = An Essay on the Development of Christian Doctrine, London, Longmans 1909.

Gramm. = An Essay in aid of a Grammar of Assent, ebenda 1913.

Justif. = Lectures on the Doctrine of Justification, ebenda 1914.

Proph. Off. = Lectures on the Prophetical Office of the Church. London, Rivington, 1938.

Serm. Notes = Sermon Notes of J. H. Card. Newman, 1849/78, ed. by Fathers of the Birmingham Oratory, London, Longmans 1914.

Runde Klammern bezeichnen die Stellen, die von Newman selbst eingeklammert sind.

Eckige Klammern bezeichnen vom Übersetzer Eingefügtes.

ANMERKUNGEN

[1] Zu einer Lebensbeschreibung Newmans, vgl. *G. Biemer,* John Henry Newman, 1801–1890. Leben und Werk, Mainz 1989.

[2] *J. H. Newman,* Selbstbiographie nach seinen Tagebüchern, Stuttgart 1959, 324.

[3] *J. H. Newman,* Apologia pro vita sua. Geschichte meiner religiösen Überzeugung, Mainz 1951, 21f.

[4] The Letters and Diaries of John Henry Newman, ed. at The Birmingham Oratory, vol. I, Oxford 1978, 29.

[5] Apologia aaO. 24.

[6] *J. H. Newman,* Pfarr- und Volkspredigten Bd. I, Stuttgart 1948, 55.

[7] Letters and Diaries, aaO., Bd. I, 219.

[8] *J. H. Newman,* Manuskript A 17 Nr. 85, 8 vom 20. 6. 1825.

[9] Pfarr- und Volkspredigten Bd. I, 16.

[10] vgl. *G. Biemer,* John Henry Newman aaO. 24.

[11] Pfarr- und Volkspredigten Bd. I, 31.

[12] ebd. 14.

[13] *J. H. Newman,* Lectures on the Prophetical Office of the Church, Oxford 1837 (Uniform Edition), 11.

[14] Pfarr- und Volkspredigten Bd. I, 323f.

[15] *J. H. Newman,* Zur Philosophie und Theologie des Glaubens (Oxforder Universitätspredigten), Mainz 1964, 66.

[16] ebd. 66f.

[17] ebd. 74.

[18] ebd. 74.

[19] ebd. 76.

[20] Selbstbiographie aaO., 158; 160.

[20a] Apologia aaO., 140f; 168.

[21] Pfarr- und Volkspredigten, Bd. IV, 335f.

[22] *J. H. Newman,* Über die Entwicklung der Glaubenslehre, Mainz 1969, 383.

[23] ebd. 41.

[24] Letters and Diaries aaO., Bd. XI, London 1961, 101.

[25] ebd. 224.

[26] *J. H. Newman,* Zur Philosophie und Theologie des Glaubens, 2. Teil, Mainz 1940, 134.

[27] *J. H. Newman,* Vom Wesen der Universität, Mainz 1960, 132.

[28] ebd. 205 f.

[29] Pfarr- und Volkspredigten aaO., Bd. II, 311.

[30] *J. H. Newman,* Selbstbiographie aaO. 348.

[31] ebd.

[32] *G. Biemer,* John Henry Newman aaO. 35.

[33] Selbstbiographie aaO. 348.

[34] Vgl. die neuere Auswahl geistlicher Texte Newmans: *G. Biemer/ J. D. Holmes* (Hg.), Gott das Licht des Lebens. Gebete und Meditationen, Mainz 1987, 149–151.

[35] Zit. J. H. Newman, University Preaching (1855), in: Idea of a University, Uniform Edition, 410.

[36] *Ambrosius,* Explanatio psalmi 38, in: CSEL 64, 203.

[37] Vgl. *G. Biemer,* John Henry Newman aao. 9; 193.

[38] Vgl.: *G. Biemer/J. D. Holmes* (Hg.), Gott das Licht des Lebens. Gebete und Meditationen, Mainz 1987.

KLASSIKER DER MEDITATION

BENZIGER